ÚNETE A LA PLAYFUL REVOLUTION

Cómo llevar la creatividad y el juego al lugar de trabajo

JoinThePlayfulRevolution.com

ÚNETE A LA PLAYFUL REVOLUTION

Cómo llevar la creatividad y el juego al lugar de trabajo

ISBN-13   978-84-09-48885-8 (papel)

ÚNETE A LA PLAYFUL REVOLUTION

CÓMO LLEVAR LA CREATIVIDAD Y EL JUEGO AL LUGAR DE TRABAJO

BEGOÑA PINO

A Mónica y Darío, mi razón de ser.

A Begoña, Juan Antonio, Marta y Ruth, las raíces de todo.

A Obdulia, en nombre de todos los maestros y maestras del mundo. Al enseñarnos a leer, abrís un universo de aprendizaje para alimentar nuestra curiosidad y crecer. Al enseñarnos a escribir, nos dais una herramienta para devolver al mundo nuestros aprendizajes e ideas.

¡Solo juega!

CONTENIDO

INTRODUCCIÓN

VOLVAMOS A LLEVAR LA ALEGRÍA DEL JUEGO AL LUGAR DE TRABAJO.

¡LEE ESTO PRIMERO!

Si te pidiera que te unieras a mí en una sesión de juegos en la oficina, ¿cuál sería tu respuesta?

a) "Estás loca".

b) "Convénceme".

c) "¡Claro que sí!".

Si tu respuesta ha sido a) "Estás loca" o b) "Convénceme", voy a ahorrarte tiempo y decirte que este libro no es para ti. Sin embargo, si mi pregunta te ha intrigado, sigue leyendo, pero considera la advertencia: el contenido de este libro puede dar mucho juego en la oficina. Las actividades sugeridas pueden provocar risas, creatividad y colaboración. Practícalas bajo tu propia responsabilidad.

Si tu respuesta ha sido c) "¡Claro que sí!" y las palabras "únete a la *playful revolution* (revolución lúdica)" te hacen sonreír, he escrito este libro para ti. Es decir, si trabajas en cualquier tipo de organización, a cualquier nivel, quieres hacer una contribución positiva y divertirte mientras tanto.

¿EN QUÉ CREES?

Simon Sinek es un experto en liderazgo y el autor de los éxitos de ventas *Empieza con el porqué* y *Los líderes comen al final*. Su charla TED de 2009 "Cómo los grandes líderes inspiran la acción", con más de cincuenta y cinco millones de visitas, introduce el concepto del Círculo Dorado. Este se refiere a la forma en que los grandes líderes se comunican de manera muy diferente a los demás, ya sea Apple o Martin Luther King Jr.

Los tres elementos del Círculo Dorado son: por qué, cómo y qué. El núcleo del enfoque es comenzar con "por qué": el propósito, la causa, la creencia y la razón de ser de la empresa.

En una reciente conversación con Simon, le pregunté cómo iniciar un movimiento lúdico global: "Estoy tratando de llevar más juego al lugar de trabajo para despertar más creatividad e innovación, y también incrementar la felicidad. Así que, ¿cómo se empieza a crear un movimiento global?".

Simon se detuvo un momento para evaluar la pregunta y luego respondió: "Soy un gran partidario de empezar por lo que se te da bien. A mí se me daba bien hablar de mi idea antes de escribirla".

Sugirió elegir el formato que se prefiera y seguir con él para perfeccionar el pensamiento: blog, vídeo, *podcast*, consultoría, charla, etc. A continuación, dio un ejemplo de cómo desarrolló el concepto del Círculo Dorado, descrito en detalle en su libro *Empieza con el porqué*.

"Lo traté como un experimento científico. No pretendía tener razón. No pretendía tener todas las respuestas. Cuando la gente decía: '¿Funcionará en esta industria?' Mi respuesta era: 'No lo sé. Nunca he trabajado en ese sector. Vamos a probar'". Y continuó: "Fui muy honesto al respecto. Buscaba las oportunidades de que la teoría fallara para poder mejorarla. Lo que acabó ocurriendo fue que la gente que creía en mi trabajo me dio acceso y jugó conmigo. Me dejaron trastear en sus empresas o en sus organizaciones".

Como Simon explicó, su formato preferido era el oral y hablaba de sus ideas para perfeccionarlas, pero con el tiempo notó un cambio. Así, recuerda: "Dejé de hablar de lo que hacía y empecé a hablar de lo que creía. Entonces, empezaron a presentarme cada vez a más personas que creían en lo mismo que yo".

Durante la conversación, asentí a cada una de sus palabras. No podía estar más en sintonía con él, pero lo que dijo a continuación cambió por completo el enfoque de este libro.

"Deja de decirle a la gente lo que quieres hacer y empieza a decirle a la gente en qué crees. Cuando hablas ahora, no te importa realmente la innovación. Es un efecto secundario, es un beneficio que es relevante para algunas personas."

Eso me sorprendió porque acababa de escribir un libro sobre la innovación, o eso creía yo. En cuanto lo dijo, sonreí como si se me hubiera caído la máscara. Podía ver a través de mí. Continuó: "Estás en modo de ventas lanzando espaguetis contra la pared, esperando que alguno se pegue".

¡Pillada! Creo que me sonrojé un poco y no había lugar para esconderse.

Siguió razonando: "Pero hablando de en qué crees… Tú crees en el juego. Crees que el juego es realmente importante y que hemos olvidado el placer de jugar.

Resulta que, si se puede abrazar el juego, trae todo tipo de cosas: más felicidad, reducción del estrés e innovación".

¡Sí! Lo articuló mucho mejor. Yo había verbalizado algo diferente, pero él puso el foco en donde estaba mi corazón, no en mis palabras.

"Si hablo de juego y alguien sonríe y dice: 'Tienes razón', es más probable que te inviten a resolver algo con ellos. Tienes que practicar hablando de lo que crees, y luego decir 'sí' a la gente que cree en lo que tú crees, y decir 'no' a la gente que no cree", añadió.

Por eso he incluido esta historia: para compartir lo que creo con la esperanza de que te pueda resonar.

Simon me dio un ejemplo más: "En los primeros tiempos, cuando vivía al día, no tenía dinero. Necesitaba a todos los clientes; eran tiempos muy duros. Recuerdo que empezaba a correr la voz sobre una cosa llamada 'El Porqué', y recuerdo que alguien consiguió mi número de teléfono. Había oído hablar de mi trabajo a través de otra persona con la que había trabajado, y me llamaron. 'Me han hablado de ti a través de [quien sea]. Convénceme de por qué debería contratarte'. Y yo dije: 'No lo hagas', porque sabía que cualquiera que dijera 'convénceme' tenía la mentalidad equivocada. Necesitaba a alguien que dijera: 'He oído lo que haces. No creo que sea perfecto, pero creo que hay algo. Me encantaría hablar contigo.' Decía que sí a eso, incluso si se pagaba menos dinero. Así que fui muy diligente a la hora de elegir a las personas que creían en lo que yo creía, porque eran las que tenían más probabilidades de ayudar a difundir la idea".

CREO

Creo en el juego.

Creo que el juego es muy importante y que hemos olvidado el placer de jugar.

Creo que el juego es esencial para despertar el genio creativo de todo ser humano.

Creo que el juego es un gran entorno de colaboración.

Creo que necesitamos creatividad para resolver los problemas globales.

También creo que necesitamos jugar para mantener la salud y la felicidad.

Creo que el juego puede devolver la alegría al lugar de trabajo.

Y tú, ¿en qué crees?

CONOCE A TU SENPAI DE CREATIVIDAD

En las artes marciales japonesas llaman *sensei* a quien alcanza la maestría. Alguien con cierta veteranía, que lleva un tiempo, pero aún no domina la disciplina se llama senpai. Eso es lo que pretendo ser para ti y lo que me gustaría que fueses para otras personas.

Escribí este libro para averiguar los secretos de lograr que se apueste por la innovación en una organización. Había estado experimentando con varias tácticas, pero mi índice de éxito no era fiable y estaba frustrada. ¿Qué hacían los demás que pudiera ser más eficaz?

Esperaba que mi aprendizaje fuera útil para personas con ideas afines, de modo que pudiéramos elevar conjuntamente el cociente de creatividad global. A su vez, buscaba fomentar la innovación en el mundo para resolver algunos de los retos globales a los que nos enfrentamos.

He trabajado en la misma empresa tecnológica durante casi quince años en diferentes funciones (programadora, analista y experiencia de usuario) y he aprendido sobre negocios, gestión de equipos y, sobre todo, cómo *no vender una idea*. He seguido el método de Edison de ensayo y error sistemático y he seguido encontrando más formas de cómo no vender una idea.

Espero llegar a mi meta antes de los mil experimentos.

Mientras veía proyectos que triunfaban, fracasaban o algo intermedio, he propuesto una buena cantidad de ideas. Muchas de ellas no llegaron a ninguna parte: desde *hackatones*, laboratorios de innovación abierta, trabajo a distancia (mucho antes de que estuviera de moda o fuese crítico), o plataformas de *e-learning*, hasta varias ideas de negocio. A veces parecía que nunca iba a ocurrir nada nuevo.

Las cosas sucedían, pero tras mucho tiempo, una media de cinco a siete años. El problema es que la mayoría de las personas con ganas de innovar no permanecen tanto tiempo en la misma empresa.

Estoy convencida de la necesidad de llevar el juego a la oficina. Reduce el estrés, ayuda a las personas a conectar y aumenta la productividad y la innovación. La forma en la que las personas se sienten, incluidas sus preocupaciones y pasiones, afecta en gran medida a cómo se presentan en el trabajo, a su nivel de implicación y a su productividad. El cambio duradero debe incorporar también las emociones (Barsade y O'Neill, 2016).

Con una experiencia que incluye un doctorado en educación con foco en el autismo y la tecnología y un periodo como payasa terapéutica y responsable de experiencia de usuario, he visto el poder del juego aumentar la implicación de primera mano.

Sé que el juego es un asunto serio y quiero que se produzca una **#PlayfulRevolution**. La necesitamos más que nunca.

UN LIBRO SOBRE EL JUEGO Y LA CREATIVIDAD

El juego es un entorno mágico donde el estrés y el miedo desaparecen y la creatividad puede florecer. La gente se relaja y se implica de una manera completamente diferente.
—B. PINO

Muchas personas creen que no son creativas porque no son artísticas, pero toda persona nace creativa y lo pone en práctica cada vez que resuelve un problema.

Este es un libro sobre el juego como clave para desbloquear la creatividad. Pretende inspirar confianza creativa junto con un verdadero sentido de urgencia. La confianza creativa es un elemento esencial: si crees que puedes hacer algo, te enfrentas a los obstáculos con una actitud muy diferente.

Sin embargo, la confianza no es algo que se compre en una tienda, ni se consigue porque alguien te diga: "Sí, puedes". Si quieres desarrollarla, aquí encontrarás algunos retos que puedes probar.

Hay un reto en particular que lleva solo un minuto y que solo utiliza habilidades que ya tienes (como escribir, moverte o hacer una foto con tu móvil). Si lo haces, ya tendrás éxito, pues no hay ningún requisito de calidad, y espero que mejore un poco tu confianza.

También encontrarás actividades y sesiones paso a paso que cualquiera puede realizar.

Además, leerás un sólido argumento a favor de la neurodiversidad, ya que las personas que tienen una perspectiva diferente son un verdadero activo para cualquier equipo de innovación.

¿ERES TÚ?

Si eres responsable de un equipo, gerente de producto, una persona innovadora, aspirante o frustrada de cualquier nivel (desde la plantilla hasta la dirección general), gerente o líder, personal de recursos humanos o alguien que crea en el cambio en general, este libro es para ti.

Si crees que el juego tiene un lugar en el trabajo y quieres saber cómo ponerlo en práctica, este libro también es para ti.

Aprenderás cómo puedes transformar una empresa sin riesgos al utilizar la estrategia sistemáticamente perseverando lo suficiente y aprovechando las rendijas del sistema. Te inspirarás para innovar e intentar ser útil para quien tengas más cerca y verás cómo algunas empresas están creando una cultura positiva de creatividad e innovación.

Asimismo, podrás ver cómo, a veces, arriesgar tu trabajo puede dar sus frutos. Pero también encontrarás pistas sobre cómo iniciar tu propia *playful revolution* silenciosa y creativa, por debajo del radar, si no quieres correr riesgos.

CÓMO LEER ESTE LIBRO

Si estás empezando, esto puede parecer un poco abrumador.

He creado este libro como una ventanilla única para simplificar tu vida. He seleccionado estas técnicas de entre una gran variedad de recursos y creo que son más que suficientes para empezar.

Una vez que adquieras seguridad con ellas, no tendrás problemas para ampliar tu repertorio.

En cada capítulo encontrarás un breve resumen y una serie de retos. Si eres una persona pragmática, tal vez quieras abordar los retos sobre la marcha para empezar a poner en práctica los conceptos.

La primera parte del libro establece el contexto de la creatividad: por qué es importante y los elementos clave. Incluye la comprensión del papel de los responsables de la toma de decisiones y sus limitaciones, la cultura y las personas que llevan las ideas a la realidad.

La segunda parte ofrece los fundamentos de los diferentes procesos creativos y una introducción a cómo activar la creatividad en un equipo. No te pierdas el último capítulo de esta sección si quieres leer sobre técnicas específicas que puedes aplicar de inmediato.

La tercera parte describe los principios subyacentes del enfoque del libro: el juego, la búsqueda de las pequeñas rendijas de oportunidad y el humor.

La cuarta parte está repleta de material práctico para que lleves lo que has leído a tu lugar de trabajo y puedas iniciar tu propia *playful revolution*.

¿TE HE CONVENCIDO?

Si la frase "¡Sí, claro!" no fue tu respuesta inicial, pero has leído hasta aquí, espero que sigas sacando algo útil del libro. Si fue tu respuesta, espero que leas la información que presento, la absorbas, la practiques y difundas las ideas. El mundo realmente te necesita.

LOS FUNDAMENTOS

O~OO OO ~OOO O O~O O~

CAPÍTULO 1
LA CREATIVIDAD ES UN ASUNTO URGENTE

Necesitamos la creatividad para reinventar el mundo. Necesitamos el juego para alimentar nuestras almas y nuestra creatividad.
—B. PINO

El mundo necesita más creatividad.

Y el mundo necesita más juego.

De hecho, no concibo una cosa sin la otra. Durante muchos años, con un empleo orientado al diseño, trabajé para fomentar la creatividad en mi equipo y en personas de otras áreas. Me di cuenta de que una simple sesión de tormenta de ideas (*brainstorming*) no era suficiente. Entonces, empecé a experimentar con sesiones de juego muy cortas, pero frecuentes, y observé dos efectos. En primer lugar, la gente se soltaba y ofrecía más ideas locas, del tipo que se necesitan para ser más innovador. Pero, en segundo lugar, no esperaba la respuesta tan entusiasta que obtuve: la gente aprovechó la oportunidad para jugar. Incluso cuando tenían mucho trabajo, se daban cuenta de que su productividad aumentaba después. Se unían, se reían y empezaban a jugar más, lo que consiguió aumentar su creatividad con el tiempo.

Entra en escena la COVID-19, con la cuarentena y meses y meses de privación social. A los diez meses, empecé a trabajar a distancia en nuestro descanso para comer con un equipo que seguía trabajando desde casa. Su jefe de proyecto, mi compañero de equipo, estaba muy estresado y compartió el estado del proyecto. El equipo de desarrollo estaba estresado por la presión y los ajustados plazos de su proyecto, y mostraba cansancio ante la falta de interacción social. El jefe de proyecto no podía ocuparse de este asunto porque ya estaba haciendo malabarismos con muchos sombreros, así que me ofrecí a ayudarlo.

Optamos por reunirnos de manera remota una vez a la semana durante la comida para no interferir con las altas exigencias del proyecto. Por supuesto, la participación era voluntaria, ya que primaban las reuniones o incidencias de última hora. Calentábamos con actividades cortas y lúdicas, con un sesgo emocional para recoger el estado emocional de las personas, y realizábamos algunas actividades destinadas a detectar otros problemas del equipo. Sin embargo, lo importante no era lo que hacíamos, sino tener ese espacio para compartir el lado humano y no transaccional que tanto anhelaban. "Necesitamos tanto unas buenas risas ahora mismo", era la respuesta general. Necesitaban tiempo para jugar.

EL MERCADO EXIGE CREATIVIDAD

Las personas que trabajan necesitan más juego, y las que buscan trabajo necesitan ser creativas para reinventarse y ser más empleables.

Según el Foro Económico Mundial (2020), *la creatividad* es la quinta habilidad más demandada en el mercado laboral. Está justo detrás del *pensamiento crítico* (número cuatro) y la *resolución de problemas complejos* (número tres), que también son esenciales para el proceso creativo. Curiosamente, el número uno es el *pensamiento analítico y la innovación*, seguidos por el *aprendizaje activo y las estrategias de aprendizaje* en el número dos.

Se puede interpretar de su informe que, hoy, más que nunca, hay más habilidades relacionadas con la creatividad entre las cinco más demandadas. Por un lado, la creatividad alimenta la innovación. Por otro lado, la curiosidad, representada por el aprendizaje, es una habilidad ligada a la creatividad (al añadir material de partida para la ideación).

Y sí, la creatividad también es útil de forma más mundana. Si tienes cualquier problema, cualquier asunto, cualquier cosa que quieras resolver o mejorar, necesitas creatividad. Por muy importante que esto sea, el investigador de la creatividad Mihaly Csikszentmihalyi (2004) comparte que la creatividad, además, nos hace sentir una mayor realización personal. Es decir, nos hace felices.

LA CREATIVIDAD Y LA INNOVACIÓN SON HABILIDADES DE SUPERVIVENCIA

El futuro del mundo depende de la creatividad.
—NATALIE NIXON

Realmente creo que la creatividad es una habilidad esencial que ayuda a los individuos a nivel personal y profesional. Pero también es clave para las organizaciones.

Antes de entrar en materia, aclaremos algunas definiciones.

Para mí, la creatividad es llevar nuevas ideas de la imaginación a la realidad, y es el combustible de la innovación. Edward de Bono, uno de los mayores divulgadores de las habilidades creativas, añade la "utilidad" a la creatividad.

En mi opinión, la innovación tiene que ser útil. Estoy de acuerdo con McKinsey & Company (2013), que definen la innovación como "creatividad más entrega", lo que implica que tiene que llegar al mercado.

Útil no significa grandioso. Hace años leí un caso que me impresionó mucho porque era una solución muy ingeniosa que salva muchas vidas.

La diarrea es la segunda causa de muerte infantil (menores de cinco años) en el África subsahariana. Curiosamente, es más probable que la gente encuentre Coca-Cola en zonas remotas que conseguir suministros sanitarios, medicinas, etc. Hay un proyecto llamado *The Last Mile* (La última milla), puesto en marcha por diferentes organizaciones en colaboración con Coca-Cola, que utiliza el empaquetado y el sistema de distribución de estos refrescos para transportar los medicamentos a personas de zonas muy remotas. Desde la última milla, donde no hay carreteras, la gente va a la última tienda en bicicleta, a pie o montando en animales. Entonces llevan las cajas de medicamentos con las botellas de Coca-Cola..

Me explico.

El proyecto ha desarrollado contenedores de plástico especiales para los botiquines con la forma necesaria para encajar en los espacios entre las botellas. De este modo, llegan más suministros médicos a zonas remotas. Lo han hecho en Zambia para la diarrea y en Tanzania para muchos medicamentos diferentes. Han llegado a un 30% más de la población que antes. Se trata de un problema de salud pública resuelto por el ingenio privado. Es un ejemplo de innovación centrada en la necesidad y que resuelve un problema público real.

Tenemos el calentamiento global, las crisis financieras y los grandes problemas de salud, por nombrar algunas problemáticas globales. Estos asuntos traen como consecuencia problemas individuales locales. La solución a las dificultades individuales y de las organizaciones está en la imaginación y la creatividad aplicada.

Incluso como colectivo o grupo de interés, necesitas resolver tus problemas en tus propios términos o te arriesgas a que alguien más lo haga a su manera, lo cual puede convenirte o no. Una organización tiene sus propios retos: los competidores, los imitadores y el mercado. Todo es más exigente.

Los pequeños negocios también tienen sus retos particulares. A veces se trata de una gran tienda que abre cerca de tu pequeño comercio con una política de devoluciones centrada en el cliente. O se trata de una gran marca de café que sirve muchos tipos de leche y complementos mientras que tu cafetería solo sirve café con o sin leche.

Para sobrevivir hay que ser más eficiente en la creación de valor, es decir, se necesitan ideas y ejecutar esas ideas. Las ideas por sí solas no producen nada. Hay que vincular las ideas con la acción. Si añades novedad y valor tienes innovación, que conduce al cambio, a nuevos empleos y a nuevas soluciones.

EL CAMBIO SE ACELERA

Además de los retos globales, nuestra sociedad está cambiando a una velocidad cada vez mayor en complejidad e incertidumbre, lo que se denomina comúnmente como un entorno volátil, incierto (*uncertain*), complejo y ambiguo (VUCA).

A veces, un acontecimiento imprevisible requiere creatividad para imaginar futuros plausibles y poder prepararse para ellos. He escrito este libro en medio de una pandemia que solo la ciencia ficción habría imaginado. Muchas empresas, grandes y pequeñas, han tenido que reinventarse para sobrevivir: los restaurantes que reparten comida, las tiendas de comestibles que aceptan pedidos a través de WhatsApp, las fábricas de ropa que producen mascarillas y los gimnasios que se conectan a Internet.

El VUCA acaba de volverse aún más volátil y esta es la nueva realidad. Para hacer frente al cambio exponencial, no puedes basar todas tus decisiones en lo que sabes. Se ha llegado a un punto de inflexión y es posible que tengas que reunir toda tu capacidad de recuperación, tus habilidades blandas y tu creatividad para sobrevivir en el nuevo mundo.

En una encuesta realizada en 2020 por McKinsey & Company, entre más de doscientas empresas de diferentes sectores, los resultados mostraron que más del 90% de las personas en puestos ejecutivos esperan que la COVID-19 afecte su forma de hacer negocios en los próximos cinco años. También creen que las necesidades de su clientela cambiarán. Esto requiere de innovación. Pero más del 70% de las personas encuestadas no se sienten preparadas para afrontar estos cambios.

Durante la crisis, las empresas reaccionaron centrándose en la continuidad del negocio, la productividad y la reducción de costes. Detuvieron la innovación y la convirtieron en una prioridad de segundo nivel. El plan era volver a sus programas de innovación una vez que la situación se estabilizara, pero perdían tiempo de desarrollo con el retraso.

La cuestión es que las crisis no son nuevas. Ya hemos visto otras antes.

Según otro informe de McKinsey (junio de 2020), quienes sigan invirtiendo en innovación durante una crisis saldrán de ella con una clara ventaja.

Las organizaciones que mantuvieron su enfoque en la innovación durante la crisis financiera de 2009, por ejemplo, salieron reforzadas, superaron la media del mercado en más de un 30% y continuaron ofreciendo un crecimiento acelerado durante los tres a cinco años siguientes.

Todos estos datos significan que la inversión en innovación es rentable a largo plazo y la alta dirección lo sabe. La mayoría abandona los presupuestos de innovación en cuanto las cosas se ponen difíciles, pero las empresas que se esfuerzan, continúan cosechando los frutos durante años.

SURFEANDO LA OLA

Supongamos que te he convencido de seguir innovando pase lo que pase. ¿Cómo hacerlo durante una crisis y no morir en el intento?

En una entrevista con Luz de León, estratega de UX y experta en transformación, echó la vista atrás a la burbuja de las *puntocom*, a la crisis financiera de 2008 y a COVID-19. Reflexionó: "Hemos tenido tres crisis económicas en veinte años, pero en las dos primeras las cosas siguieron igual. Quizá ahora haya una verdadera oportunidad si entendemos que no podemos seguir haciendo lo mismo".

Luz sugiere que hay que distinguir **tres tipos de ideas: arriesgadas, conservadoras e inútiles.** En una situación de crisis, su agencia está siendo conservadora al apostar por proyectos más pequeños con productos mínimamente *valiosos* (énfasis en valioso, que es diferente de *viable*, como se utiliza en el "producto mínimo viable" —MVP— de Lean Startup).

Un MVP es un producto con la mínima cantidad de funcionalidad que sigue siendo útil o que resuelve un problema específico. Probablemente sea muy básico, pero permite a una empresa identificar sus próximos objetivos. Con un MVP, la empresa puede obtener resultados antes de hacer una gran inversión porque necesita todos sus recursos para mantenerse a flote. Para Luz, todo esto sigue siendo válido, pero hace hincapié en el valor aportado.

Iván Márquez, director de innovación de 67Pulsaciones, está de acuerdo con este enfoque. Recomienda empezar con proyectos más pequeños y, si funcionan, ganarse la confianza de las empresas que contraten sus servicios para intentar cosas más grandes.

Por tanto, la clave para mantener la innovación a flote es tener un enfoque más estratégico sobre lo que se hace primero y aprender de ello, minimizando el riesgo.

EL COSTE DE LA FALTA DE IMPLICACIÓN

La innovación es esencial para la supervivencia, pero hay más ingredientes en la receta. Se necesitan personas para dirigir empresas. El problema es que una gran mayoría de plantillas no parecen estar motivadas para hacer su trabajo, lo que significa que no son tan productivas como deberían. Las empresas no funcionan tan bien como podrían.

El informe de *Gallup State of the American Workplace* (2013) resumió algunas estadísticas sobre el personal desvinculado o poco implicado: a Estados Unidos le cuesta entre 450 y 500 mil millones de dólares cada año. Casi el 70% de las plantillas no están comprometidas o están activamente desvinculadas, lo que equivale a una baja productividad. Desde entonces ha aumentado hasta el 80% del personal desvinculado (*Gallup*, 2021).

Esta tendencia exige una acción inmediata.

Como dice Richard Branson, fundador del Grupo Virgin, "cuida de tu plantilla y ella cuidará de tu negocio".

Un artículo de Justin Warner en *DecisionWise* (2020) describe los beneficios para las empresas con personal altamente implicado:

- **Los beneficios por acción son 2,6 veces superiores** a los de las empresas con baja puntuación de implicación.

- **Los ingresos netos** son **dos veces más altos.**

- **Los beneficios crecen tres veces más rápido** que los de sus competidores.

Una vez vista la relevancia de la implicación, hay una clave para ello: el *FLOW* (flujo).

Steven Kotler, autor de *El arte de lo imposible* (2021), describe el *flow* como un estado mental alterado en el que una persona se dedica plenamente a la tarea que tiene entre manos, la percepción del tiempo se suspende y la productividad aumenta en un 500%. Sigue el trabajo de Mihaly Csikszentmihalyi, considerado el padre del *flow*.

Para experimentar el *flow*, hay que sumergirse en una tarea que sea motivadora y desafiante, pero que esté al alcance de tu nivel de habilidad actual. Esto significa no tener interrupciones durante noventa minutos. Objetivos claros, un *feedback* inmediato y una sensación de control son algunos de los requisitos (Souders, 2020). Eso nos da algunas pautas para mejorar las condiciones de trabajo con sus habituales reuniones, actividades multitarea e interrupciones.

Al margen de las condiciones necesarias para experimentar el *flow*, las personas que lo experimentan en el lugar de trabajo son más felices, están más implicadas y es menos probable que se vayan.

Curiosamente, uno de los factores para alcanzar el estado de *flow* es la creatividad. Por lo tanto, la **creatividad es un fuerte contribuyente al estado de *flow* que tiene un efecto directo en la productividad y la implicación de los empleados.**

RESUMEN

Las habilidades relacionadas con la creatividad (innovación, aprendizaje, resolución de problemas complejos, pensamiento crítico y creatividad) han pasado de ser deseables a ser críticas en el mercado laboral.

Vivimos en un entorno VUCA con retos acelerados y complejos. Las empresas y las personas necesitan reinventarse a través de la innovación: nuevos servicios, nuevos productos, nuevos empleos.

La creatividad es el combustible de la innovación, pero requiere una actitud lúdica. Afortunadamente, los efectos secundarios son muy positivos en muchos otros aspectos: reducción del estrés, productividad e implicación de las plantillas, entre otros.

Dado que el futuro es incierto, dotemos a las personas de herramientas para que improvisen lo que necesiten sobre la marcha y hagamos que estén felices y libres de estrés para que puedan crear esas soluciones.

DESAFÍOS

Antes de lanzarte a la acción, puede ser útil reunir alguna información sobre el estado actual de las cosas:

- Reflexiona sobre el coste de introducir iniciativas creativas o innovadoras en tu empresa. A continuación, reflexiona sobre el coste de no hacerlo.

- Evaluación de la creatividad del equipo: puedes realizar una prueba de usos alternativos de dos minutos con tu equipo, y luego evaluar el número (fluidez), la variedad (flexibilidad) y la originalidad de las ideas (únicas respecto a las del resto del equipo). (Detalles al final del libro).

- Evaluación de la implicación del equipo: puedes pedir al departamento de RR.HH. información sobre la encuesta de clima del personal. Si no está disponible, puedes hacer una rápida y sencilla si la comunicación con tu equipo es lo suficientemente cercana y fluida, en un clima de confianza mutua. Puedes hacerles directamente las mismas dos preguntas que utilicé con mi equipo:

  - ¿Cómo de feliz eres en el trabajo (en general)? (Escala de 0 —muy infeliz— a 10 —muy feliz—).

  - ¿Cuál es la probabilidad de que busques activamente otro trabajo fuera de la empresa? (Escala de 0 —no estoy buscando— a 10 —sácame de aquí—).

Como no disponía de una encuesta anterior, también les pregunté por esos valores antes de un acontecimiento concreto que afectó a la moral de la plantilla. No es la herramienta más fiable, pero descubrí que justo después de ese suceso, el nivel bajó una media de tres puntos, lo que significaba que algunas personas corrían el riesgo de marcharse.

CAPÍTULO 2
EL JEFE DE PISTA

Cuando era más joven, solían ofenderme ciertas actitudes de la gente que yo calificaba de groseras. Cosas tan simples como decir "hola" y no obtener respuesta me ofendían. Más tarde, cuando tuve más experiencia en el mundo, aprendí a ofenderme menos. Por ejemplo, si alguien me ignoraba cuando lo llamaba, podía ser que no me hubiera escuchado.

La cuestión es que cuando alguien muestra un comportamiento, no conocemos su historia. ¿Está teniendo un mal día? ¿Está corriendo por un tema de vida o muerte y no quería empujarte? A veces, cuando descubro la historia completa y me pongo en su lugar, me doy cuenta de que probablemente habría hecho lo mismo. Por eso decido no sacar conclusiones precipitadas y dar a la gente el beneficio de la duda, incluso cuando toman decisiones que no entiendo. Generalmente no conozco la historia completa.

En este capítulo se exponen diferentes casos que te proporcionarán inspiración y se plantean algunos retos prácticos para aprovecharla.

Tenemos que entender el contexto y las necesidades de quienes nos rodean antes de poder cambiar nada. Son una parte muy importante del entorno en el que puede tener lugar la innovación, y la persona en la dirección general tiene la llave de todo ello.

EL JEFE DE PISTA

Adam Malofsky es un jardinero, cocinero y marido de 55 años. Cuando hablé con él, estaba de baja por enfermedad debido a una pequeña intervención quirúrgica. Sentía un poco de dolor, pero se las arregló para charlar conmigo durante unos noventa minutos. Durante ese tiempo, pude ver que es un ser humano amable y cariñoso que está deseando pasar más tiempo con su mujer, quien sufre una dolencia grave. Al mismo tiempo, es mentor de gente más joven y trata de marcar la diferencia en el mundo. Es un hombre muy positivo y sonriente, la clase de persona con la que te gustaría pasar tiempo. Su principal preocupación es su familia y dejar un mundo mejor.

Es doctor en química, conferenciante, ejecutivo galardonado, líder de innovación transformadora y experto en start-ups de materiales, montaje, fabricación, polímeros y productos químicos. También es director general de dos empresas relacionadas con la química. Sí, un director general: el tipo de persona que solía suponer que tenía el poder de decidir si una empresa innovaba. El "jefe", por así decirlo. La realidad es que, a menos que sean los propietarios de la empresa, los directores generales suelen tener que responder ante unas doce personas en forma de consejo de administración.

Ahora bien, aunque solo he hablado con un puñado de directores generales, no son la raíz de todos los males de una empresa que no está innovando. En primer lugar, son personas con familias, amigos y preocupaciones propias. Puede que se enfrenten a más estrés simplemente por lo mucho que está en juego en sus decisiones.

Si un empleado normal mete la pata hasta el fondo, puede ser despedido. Pero si es responsable de millones de dólares, habrá grandes consecuencias. La empresa puede quebrar, miles de clientes pueden verse defraudados y tú puedes recibir una demanda.

El día que te presentes ante una persona de rango superior con una idea puede no ser el mejor momento, y eso también influirá en cómo la reciban. Intenta hacer algunos deberes al respecto con antelación.

Además, el consejo de administración se reúne todos los meses para informar, discutir y luego dar su opinión a la dirección general sobre varios asuntos de la empresa. Estas doce personas también pueden ser responsables de mucho dinero e intentan ir a lo seguro. Por lo tanto, sus comentarios pueden venir acompañados de algunas limitaciones: la cantidad de innovación que la empresa puede llevar a cabo, en qué áreas, durante cuánto tiempo y a qué coste. Adam confesó que es una posición muy solitaria.

Esta es una imagen más precisa de la dirección general y de la persona a la que intentamos dirigirnos. Incluso podríamos crear un mapa de empatía, una herramienta de diseño que se utiliza para conocer lo que una persona o arquetipo siente, piensa, ve, oye, dice y hace, junto con sus puntos de dolor y objetivos. Con esta imagen podemos entender mejor cómo presentar nuestras ideas para resolver sus problemas.

¿Puedes modificar tu idea inicial de alguna forma para que resuelva un gran problema de la empresa? ¿Puedes pensar en nuevas ideas?

Dependiendo de tu posición, podríamos dar un paso más: empatizar con los doce miembros de la junta directiva y sus responsabilidades, objetivos y puntos de dolor particulares. Eso es justamente lo que podría informar tu estrategia para intentar obtener su apoyo.

LA ANTIGUA GESTIÓN YA NO FUNCIONA

Adam trata de hacer lo mejor posible para innovar, y también tiene una inclinación hacia el crecimiento de las personas. Pero no todas las personas en puestos directivos son así.

Durante los últimos cinco años, el destino laboral de Dagmar Boettger en Hong Kong la expuso a un mundo empresarial muy cambiante y lleno de tecnología. Para ella, hacer de la innovación un hábito en los equipos es un componente clave del éxito organizativo, y todo el mundo necesita un conjunto de habilidades para fomentar la cocreación humana.

Dagmar y yo coincidimos en que las personas en puestos directivos y de consejeros delegados se encuentran en una posición difícil. Han ascendido a sus puestos gracias a su capacidad de crear valor mediante la extrapolación lineal de las tendencias. Esperamos que sepan qué hacer en cualquier situación. Pero eso ahora es imposible. La complejidad del mundo es tal que nadie puede contenerlo en su mente. Incluso si pudiera y decidiera un curso de acción claro, las cosas pueden cambiar repentinamente y se volvería a la casilla de salida.

En la mentalidad de liderazgo innovador que comparte Dagmar con sus clientes, se acepta el "no sabemos hasta que lo averiguamos." Ella afirma con convicción que las organizaciones ya no pueden predecir, y que debemos ayudarlas a cambiar para prepararse para un nuevo futuro y la mentalidad necesaria para ello.

Un prototipo te dirá si la idea tendrá seguidores. O, al menos, construye un MVP (producto mínimo viable), como sugiere la experta en diseño Luz de León, para meter los pies en el agua antes de comprometerte de lleno con un proyecto más extenso.

Dagmar cree que muchas organizaciones quieren innovar, pero no saben cómo. En la antigua mentalidad basada en el rendimiento, la dirección toma las decisiones y los equipos se encargan de la construcción. Ahora, para que una organización sea más innovadora, no basta con organizar talleres de innovación. Su influencia es efímera.

El enfoque de Dagmar incluye equipos y liderazgo. Los equipos necesitan practicar los procesos de innovación. Las personas en posiciones de liderazgo tienen que entender el proceso, aprender a dirigir equipos de innovación y cambiar su mentalidad. El cambio es lo más difícil y puede requerir algo de entrenamiento.

Para mí, es fácil averiguar si una empresa se compromete plenamente con la innovación. Sucede cuando desde la dirección se llama a una consultora para que organice talleres de innovación y desde la consultora se les ofrece trabajar en el desarrollo de la mentalidad de la dirección. Si desde la dirección se dice que no, esa es tu respuesta.

Hay tantos estilos de liderazgo como líderes, cada cual con sus propias personalidades y limitaciones. El conjunto particular de estilos y líderes que te toca determina tus posibilidades de jugar.

A continuación se presentan algunos ejemplos de estas variaciones. Tal vez puedas reconocer algunos o sacar algunas ideas de ellos.

LA DIRECTORA QUE CONFÍA

A veces, "la jefa" tiene cierto grado de autonomía, y tú te has ganado su confianza con el tiempo.

Mónica Morales era consultora *senior* en una pequeña pero ambiciosa empresa, justo antes de la crisis financiera de 2008. Era una experta en organización empresarial con dos licenciaturas, hablaba cuatro idiomas y, además, tenía un pensamiento muy original dentro de un sector relativamente conservador.

Su empresa estaba intentando establecerse y aumentar sus ingresos cuando recibió una interesante propuesta de un organizador de eventos: un evento *de citas rápidas* para poner en contacto a consultoras con la dirección de RR.HH. de varias empresas. Era una gran oportunidad para conocer personalmente a dieciséis potenciales clientes potenciales en un solo día. Se entusiasmó con la perspectiva e inmediatamente pasó a la acción. Presentó la propuesta a su jefa, que rápidamente comprendió las ventajas del evento y aceptó participar.

Sin embargo, competirían por la atención de las dieciséis personas de RR.HH. con las empresas multinacionales de gran presupuesto, con sus completos kits de material, su brillante tecnología y sus llamativas presentaciones. No sería una lucha justa.

Así que Mónica y su jefa decidieron que no iba a ser una pelea en absoluto. Tomaron una vía totalmente diferente. A Mónica se le ocurrió que podían tomar un camino de mucho contraste: el enfoque a medida y artesanal. Le expuso a su jefa una visión detallada y convincente del montaje y la presentación. Y juntas se pusieron en marcha.

Las dos experimentadas consultoras abastecieron su puesto con humildes bolígrafos y papel (en forma de Moleskines negros) como regalo para sus invitados. También llevaban una voluminosa caja de cartón llena de copias impresas de sus proyectos para utilizarlas como casos prácticos.

Cuando empezaban a hablar con una persona responsable de RR.HH., podían evaluar sus necesidades específicas. A continuación, buscaban manualmente en la pila de expedientes para escoger justo aquel caso que demostrara su experiencia en los problemas de esa empresa.

Además, sabían que las grandes empresas tendrían sus coloridas marcas por todas partes. Se presentaron con un puesto totalmente negro con un logo de marca plateado y un panel minimalista con una cita.

Solo los que se arriesgan a ir demasiado lejos pueden descubrir hasta dónde se puede llegar.
—T. S. ELIOT.

El contraste visual fue impactante y consiguieron ser vistas y recordadas. Y lo que es más importante, gracias a sus cuidadas propuestas, salieron del evento con contratos por noventa mil euros. Esto se tradujo en el triple de los ingresos del año anterior, ya que se convirtieron en felices clientes recurrentes.

Solo hacía falta una idea arriesgada para *hacer lo contrario* y una directora autónoma dispuesta a dar el paso.

EL DEFENSOR DE LA INNOVACIÓN

Otras veces, tu responsable no confía tanto en ti, pero con algunos retoques de minimización de riesgos, puede dejarte intentarlo.

Dave Birss es un autor, comediante, comunicador y educador de la creatividad con un ingenioso sentido del humor escocés y una cierta seriedad engañosa en su porte. Pero, sobre todo, es un espíritu libre y creativo. Esta es la razón por la que no ha tenido un trabajo a tiempo completo desde hace más de una década, cuando tuvo lugar la historia que comparto contigo.

En 2010, Dave seguía trabajando a tiempo completo como director creativo para una gran agencia de publicidad global, con la ayuda de un equipo de profesionales creativos. Alguien del departamento le presentó una idea a Dave: crear una agencia *pop-up* (temporal). Consistiría en alquilar un local durante un corto periodo de tiempo y montar el negocio durante un plazo limitado para probar un concepto con riesgos mínimos.

Le pareció muy innovadora y, como era un inconformista, la llevó rápidamente al director general para que la aprobara con muchas esperanzas. Pero para su sorpresa, el director general tenía un contexto diferente, limitaciones y problemas propios, por lo que respondió: "No creo en esto".

Dave no estaba dispuesto a aceptar un no por respuesta e intentó convencerlo. Argumentó que significaría que la gente aprendería mucho haciendo pequeños trabajos para pequeñas empresas. La compañía tendría un impacto en la comunidad y educaría a su personal. No les iba a costar mucho dinero y, además, generaría buenas relaciones públicas.

El director general veía que Dave estaba realmente entusiasmado con eso, pero no estaba convencido. Se podía leer un "no" en toda su cara. Entonces hizo una pausa, se tomó un momento para pensar y habló:

"No creo que funcione...".

Dave se sentía decepcionado, pero su jefe continuó hablando:

"Pero parece que tú crees que lo hará. Y te voy a dar suficiente cuerda para que te ahorques. Estoy dispuesto a dejar que asumas todo el riesgo, y si algo sale mal, será tu responsabilidad".

Vaya, así que ese era el trato entonces. La mayoría de la gente se daría por vencida con un "muy bien, vale". La mayoría de la gente no está dispuesta a arriesgar su trabajo por una idea, pero Dave Birss no es como la mayoría de la gente. Cree firmemente que si realmente crees en una idea, tienes que apoyarla totalmente. Si eso significa que puedes perder tu trabajo, que así sea.

No sería la primera vez que se arriesgaba, pero ¿estaba Dave dispuesto a arriesgar su trabajo para probar esa idea en particular? ¿Hasta qué punto apoyaba la propuesta? Tuvo que dar una respuesta muy rápida. En realidad, le encantaba la oportunidad que se le brindaba, así que sus palabras salieron sin vacilar:

"Es un trato. ¡Fantástico!".

Abrieron la agencia *pop-up* con un equipo muy motivado de personas con talento y, como era de esperar, tuvo éxito; costó muy poco, aprendieron mucho e impulsaron nuevos negocios.

Dave mantuvo su trabajo. Su equipo estaba contento y también agradecido por haber defendido la idea hasta el final. Las cosas podrían haber salido de otra manera, y su equipo lo sabía. Hacer eso por ellos probablemente le hizo ganar un montón de puntos de confianza para el futuro.

INNOVATION INTERRUPTUS

El jefe de Dave no estaba muy seguro, pero permitió que las cosas sucedieran. A veces, una buena idea convence al jefe desde el principio, pero el resultado depende de otros factores.

Pere Rosales es el CEO de Inusual, una consultora de innovación con sede en Barcelona y Boston, dedicada a ayudar a las organizaciones a innovar. Su filosofía incluye empoderar a las personas, abordar la cultura y toneladas de creatividad.

Durante más de veinte años, Pere ha ayudado a más de cien organizaciones a adquirir la esencia de la innovación. Ha tenido muchos éxitos y fracasos, pero también ha tenido una mezcla de éxito y fracaso, lo que yo llamo "exi-caso" *(succe-lure)*.

Hace unos años, lo llamó un ejecutivo de una multinacional con sede en España. El ejecutivo, a partir de ahora "el cliente", ocupaba un puesto directivo y estaba a cargo del programa de innovación. El cliente quería que el equipo de Pere lo ayudara a crear una cultura innovadora desde dentro.

El objetivo del proyecto era desarrollar una cultura de innovación abierta en la que todo el mundo pudiera aportar sus ideas, votar por sus favoritas y verlas hechas realidad. Empezaron a organizar talleres, a hacer *marketing* interno del proyecto y a invitar a la gente a participar. Crearon una plataforma ludificada para que fuera el punto central y lo comunicaron a todo el mundo. A la gente le encantó todo el planteamiento.

La plantilla, muy implicada, empezó a aportar cientos de ideas para mejorar los procesos internos y los nuevos servicios. Las redujeron a doscientas. Entonces llegó el momento de presentarlas a la cúpula directiva.

El equipo compartió con orgullo las imágenes de todos los eventos, las evaluaciones, las métricas, la satisfacción del personal y las ideas que estaban listas para lanzar. La reacción fue, como mucho, fría. Su público no compartió el entusiasmo de la plantilla, de la consultora ni del cliente. ¿Qué había pasado?

Las personas a cargo de la dirección (el director general y otros cargos ejecutivos) nunca habían creído mucho en el proyecto. Se habían limitado a dejar que sucediera, pensando que sería otra flor de un día, o un simple ejercicio de cohesión de equipos. Así que lo dejaron pasar con una forma de consentimiento pasivo. Pero cuando las ideas se desplegaran, las cosas se iban a volver reales. Eso significaba gastos que tendrían que justificar. Supongo que no lo habían visto venir, y había que parar.

La reacción cogió por sorpresa al cliente. El equipo de Inusual quedó sorprendido, sobre todo después de dos años de trabajo. ¿Y los empleados? Hacían preguntas. La única respuesta fue el silencio.

El cliente no se rindió. Intentó sacarlo adelante y convencerlos de que merecía la pena, pero fue inútil. La empresa puso fin al asunto y eso fue todo. La dirección no implementó nada y eso dejó a todo el mundo preguntándose qué había pasado con el programa y sus ideas.

Eso me parece una *innovation interruptus* (innovación interrumpida). No importaba el entusiasmo del cliente, la implicación de la plantilla o lo divertidas o innovadoras que fueran la tecnología y el proceso. Pere comprendió, ahora y siempre, que si no se cuenta con el pleno compromiso y apoyo de la dirección general y de la cúpula directiva, no pasaría nada.

Advierte a las personas recién llegadas: "No vayáis allí". Teniendo en cuenta su experiencia en el terreno, yo escucharía su consejo.

No quiero decir que no intentes innovar, pero conociendo los riesgos, tendrás que hacer algunas comprobaciones antes para saber a qué te apuntas en realidad. Esta historia pone de manifiesto la necesidad de contexto.

EL GERENTE ILUSTRADO

Si el cliente de Pere se animó a hacer cosas nuevas, a veces incluso quienes ejercen el liderazgo de manera tradicional pueden cambiar sus creencias y su estilo de gestión. Este es el caso que compartió Dagmar Boettger.

En sus primeros días en Hong Kong, en pleno cambio de carrera, Dagmar trabajó como *coach* ejecutiva del director general alemán de una empresa de semiconductores. La industria estaba cambiando rápidamente y el director general tenía que innovar con su nuevo equipo en China.

Hasta entonces, era un directivo muy eficaz que trabajaba mejor con las personas que se alineaban con su forma de pensar, mientras que se frustraba con las que no le "entendían". Su equipo en China le pedía que fuera más asertivo mientras él dudaba, y el tiempo apremiaba.

Con esta información de fondo, Dagmar se dio cuenta de que tenían que trabajar en la comprensión de la diversidad de pensamiento; tenían que ser capaces de tratar con personas que aportaran un punto de vista diferente.

En un momento de *coaching* lúdico, exploraron los momentos de incertidumbre y de simple desconocimiento. Junto a varias situaciones de negocios, el ejecutivo se dio cuenta de que cuando conversaba con su hijo, a menudo no entendía de qué estaba hablando. Para entenderlo tenía que escuchar con mucha atención, hacer buenas preguntas y absorber cada palabra. Fue entonces cuando se dio cuenta. Cada vez que alguien decía algo diferente que él no podía comprender, tenía que escuchar más profundamente: escuchar, observar y pensar mejor.

Con el tiempo, también se fue haciendo cargo del confuso mundo en el que vivimos. Hace un siglo, las cosas cambiaban poco a poco, casi de forma lineal. El cambio ya no es lineal, sino exponencial. Si antes algo tardaba diez años en evolucionar de forma significativa, ahora puede tardar cinco años, y pronto, solo dos años para la misma evolución. La velocidad del cambio aumenta cada minuto. No podía seguir el ritmo, por mucho que lo intentara, así que nunca podría saber con certeza qué hacer. Pero también se dio cuenta de que podía habilitar el conocimiento colectivo del equipo y, juntos, impulsar el cambio.

Para resumir su aprendizaje como líder:

- Tienes que dejar de lado la necesidad de decidir el camino a seguir.

- Escucha profundamente.

- Habilita al equipo.

- Confía en el equipo y sé el animador del equipo.

Quería convertirse en el referente de la innovación, pero había tenido miedo de pedírselo a su equipo. Durante el periodo de *coaching* y el tiempo posterior, con una confianza recién adquirida, desafió al equipo a acompañarlo en ese gran reto. Puso en marcha un programa centrado en sus clientes que implicaba no solo a su equipo, sino a toda la empresa y la sede central, desde la dirección hasta la última persona empleada.

Para Dagmar, la innovación rentable se encuentra en la intersección de un enfoque centrado en la clientela, un equipo diverso con un liderazgo capacitador y una cultura propicia que permita a la gente pensar de forma innovadora. Para que exista un ecosistema de este tipo, hay que deshacerse de la actitud de "saberlo todo" y facilitar el intercambio de ideas. Hay que salir a preguntar al mercado. El equipo tiene que ser diverso en su composición, con una variedad de estilos de pensamiento y antecedentes y dirigido por alguien que facilite su trabajo, lo motive y lo empuje hacia adelante.

CUANDO EL JEFE NO LO COMPRA

Intenta ser útil.
—MICHAEL PORT

En el caso del directivo ilustrado, pasó de ser un líder tradicional a uno innovador y llevó a su empresa a un nuevo nivel. Pero ¿qué ocurre cuando el líder no quiere cambiar? El escenario es totalmente diferente, y el resultado también.

En una entrevista con Michael Port, compartió cómo ayudó a una oradora a superar el miedo escénico. Ella intentaba causar una gran impresión que le llevara a una oportunidad única. Le aconsejó que si intentaba ser grandiosa, estaría centrándose en sí misma, en su ego. En lugar de eso, debería intentar *ser útil*. Al centrarse en servir a las necesidades del público, también se evitaba la mayor parte de la ansiedad de la actuación.

Podemos trasladar los consejos de Michael al espacio de la innovación. Durante mi conversación con Adam Malofsky, sugirió que la mejor manera de empezar a innovar cuando no se tiene una posición para iniciar grandes proyectos es ser útil a quienes te rodean: tus colegas, tu responsable, tus clientes. De nuevo, *intenta ser útil*.

Unos días antes de hablar con Adam, había estado hablando del mismo tema con Tyler Hayes, director general de Atom Limbs, una empresa tecnológica que construye cuerpos artificiales que ha comenzado por las extremidades. Él expresó algo similar. Le cuesta mucho vender una idea a alguien que no esté entusiasmado con ella previamente.

Aparte de dirigir una empresa y decidir cuándo seguir una nueva idea o no, Tyler también tiene que presentar ideas a personas inversoras, socias y clientes. Se podría decir que pasa la mitad de su tiempo haciendo presentaciones de preventa y ha tenido su buena cuota de fracasos. A partir de esta larga experiencia, ha visto que hay sobre todo dos cursos de acción: el éxito fácil o el fracaso complicado.

Durante nuestra entrevista, compartió una historia sobre un producto que estaba lanzando en el sector de la salud llamado Prime. Este producto reuniría todos tus historiales médicos en un solo lugar para futuras consultas.

Cuando empezaron a hacer las rondas con su presentación de venta, una empresa de genética los llamó para preguntarles qué hacían, cómo lo hacían y por qué.

Tyler y su equipo explicaron el producto, aclararon el enfoque técnico y describieron por qué creían que era interesante y útil. Su interlocutor compartió su comprensión e inmediatamente se sumó a la idea, lo que derivó en una colaboración. Un trato fácil.

Tiempo después, tuvieron la oportunidad de presentar el mismo producto en un hospital al que se había acercado la empresa de Tyler. El jefe de informática del hospital era bastante parco en palabras. Apenas pronunció diez palabras a lo largo de media hora de conversación, y esas hubo que sacárselas con cuchara. Toda la sesión se hizo pesada.

Cuando terminaron su presentación, les preguntaron: "¿Es algo que podría interesarles?".

Su escueta respuesta fue: "Déjame pensarlo".

Tyler esperaba recibir un amable correo electrónico en los días siguientes diciendo que el hospital no estaba interesado. En cambio, una semana después recibió un correo electrónico de los abogados del hospital en el que le decían que el producto de Tyler no era legal y le informaban de que iban a interponer una demanda. Esa es una reunión de venta que ha salido mal.

Lo que Tyler aprendió fue que sus presentaciones más exitosas son a personas que ya están entusiasmadas con la idea. Esto está muy en consonancia con el consejo que me dio Simon Sinek: "Habla de lo que crees, y los que creen en lo mismo querrán trabajar contigo".

En un contexto más realista, Tyler recordó una eficaz táctica utilizada por uno de sus empleados. Después de tuitear un mensaje muy entusiasta sobre un evento al que había asistido, el empleado de Tyler comentó su tuit y comenzó su planteamiento.

Me dijo: "Oye Tyler, vi tu tuit sobre el evento del otro día".

Tyler respondió: "Oh, sí, fue realmente genial".

El empleado continuó: "¿Y si hacemos uno así también?".

"Sí, qué gran idea", convino Tyler con entusiasmo, y siguieron adelante.

Si Tyler no se hubiera entusiasmado primero, y el empleado hubiera llegado pidiendo gastar mucho dinero en algún tipo de evento con dudosa rentabilidad, la respuesta habría sido probablemente: "Gracias por la idea, pero no, gracias".

Con esta historia en mente, se deduce que un poco de investigación estratégica sobre tu oyente puede resultar en muchos beneficios. Puedes encontrar algunas cosas que les entusiasmen y ver si al menos una puede conectar con la idea que quieres presentar.

Además, es posible que quieras evaluar quién podría ser un buen defensor de tu idea: quién la "entenderá" y tal vez te ayude a desarrollar la presentación o la primera etapa para que puedas avanzar (o ascender).

Por cierto, la empresa de Tyler se puso en contacto con el hospital que pretendía demandarlo. Le explicaron que el hospital no tenía motivos para la demanda y al final no la presentaron. Aun así, ese fue un caso extremo. La mayoría de nosotros puede enfrentarse a un simple *no*, que, después de escuchar esta historia, parece un riesgo que casi cualquiera podría asumir.

Después de hablar con Tyler y Adam, me di cuenta. Había estado buscando cómo presentar una idea a la persona responsable de la toma de decisiones. Al mismo tiempo, en mis proyectos de experiencia de usuario, he abogado por mirar lo que es realmente necesario y cuáles son los problemas de la clientela en lugar de construir lo que queremos. Esto es el pensamiento de diseño en su esencia. No se trata tanto de tener una idea al azar, sino, como sugiere Adam Malofsky, de encontrar las necesidades o los puntos de dolor de quienes te rodean y resolverlos: *ser útil*.

En cualquier caso, Adam también insiste en que siempre es conveniente recoger testimonios de clientes, realizar pruebas y construir un *business case* con datos para respaldar tus propuestas.

Si solucionas el mayor problema de tu responsable, se alegrará mucho de oírlo, y tendrás la oportunidad de seguir haciendo cosas nuevas que sean útiles, aprendiendo sobre la marcha, ganando la confianza y adquiriendo la reputación de resolver problemas. Con el tiempo, tendrás oportunidad de participar en proyectos e innovaciones de mayor envergadura. Por supuesto, puede que no sea una ruta rápida, pero es un camino: el hábito de la innovación.

RESUMEN

Está claro que la cúpula directiva, o la dirección general de una empresa, es clave en la toma de decisiones para la innovación, pero tiene su propio conjunto de desafíos. Para que impulsen una idea, necesitarán ciertas garantías, en forma de éxitos iniciales y datos de los usuarios, para minimizar los riesgos.

La innovación requiere tiempo, habilidades y alguien que defienda las ideas para hacerlas avanzar. Requiere la comprensión de los procesos creativos por parte de la plantilla de empleados y sus líderes, así como un tipo especial de liderazgo.

Antes de intentar vender esa grandiosa idea que se te acaba de ocurrir, podrías empezar por intentar ser útil para quien tienes más cerca. Eso requerirá que entiendas el contexto y las necesidades de la gente. También te hará ganar una reputación de solucionador de problemas que te será útil más adelante. Con el tiempo, llegarás a un punto en el que podrás aspirar a ideas más grandes.

En conclusión, la innovación no es algo que ocurra de la noche a la mañana, sino un conjunto de hábitos que hay que adoptar durante un largo periodo de tiempo.

DESAFÍOS

El objetivo de este capítulo es ayudarte a entender el contexto de la persona responsable de la toma de decisiones, y las siguientes actividades intentan ayudar a descubrir su entorno específico.

- Reflexiona sobre quiénes son los principales responsables de la toma de decisiones en tu empresa y quiénes son las personas más cercanas a ti para las que podrías intentar ser útil, y luego decídete por una.

- Rellena un mapa de empatía de la persona a la que quieres ayudar. Encontrarás una plantilla e instrucciones al final del libro. La idea es rellenar la plantilla con lo que la persona piensa, siente, oye, ve, dice y hace, junto con sus dolores y ganancias. El ejercicio te mostrará oportunidades para resolver problemas e innovar.

- Piensa en una idea que puedas tener para resolver el problema clave de esa persona. ¿Cuántas formas se te ocurren para minimizar los riesgos de esa idea mientras resuelves el problema?

Aquí tienes un boceto de cómo es un mapa de empatía. Encontrarás una plantilla completa al final del libro.

PIENSA Y SIENTE
OYE
VE
DICE Y HACE
DUELE:
GANA:

CAPÍTULO 3
EL HÁBITAT

*Un buen agricultor crea las condiciones para que
las plantas florezcan. El papel del líder es crear una
cultura donde las ideas puedan florecer.*
—SIR KEN ROBINSON

Hace unos años, compré material para crear prototipos. Estoy segura de que no hace falta que describa la expresión de perplejidad de mi director cuando me preguntó para qué lo quería: eran cartones blancos, pasteles, rotuladores de colores y plastilina, entre otros materiales. Bueno, debí ser lo suficientemente convincente porque aprobó la compra.

Así que, para no dar una imagen informal de nuestro departamento de diseño, intentaba utilizar los materiales con discreción. Cuando organizábamos talleres creativos, procuraba utilizar las salas de reuniones en lugar de nuestros propios escritorios en nuestra oficina diáfana. Aunque los participantes disfrutaban mucho de los talleres, en aquella época, cualquier cosa *divertida* podría haber sido mal vista.

Una vez olvidé una caja de rotuladores de colores en mi escritorio. Algunas personas pasaban y comentaban el colorido, lo divertido que era, y se iban con una sonrisa.

Creo que ver la caja de colores los conectaba con su infancia, cuando tenían acceso a este tipo de material.

Lo dejé un tiempo sobre el escritorio para inspirar a las personas que pasaran por allí.

PREPARANDO EL ESCENARIO

En 2012, tuve la oportunidad de participar en un *Curso Intensivo de Creatividad (Crash Course on Creativity)*, un MOOC creado por la Dra. Tina Seelig en la Universidad de Stanford. MOOC son las siglas de *Massive Online Open Courses* (cursos abiertos masivos en línea), y son, esencialmente, una vía gratuita de aprendizaje y especialización para todo el mundo. Son una gran herramienta para democratizar la educación superior y un paraíso para las personas curiosas.

La Dra. Seelig es doctora en Neurociencia y ha trabajado como consultora de gestión y productora multimedia. También es empresaria y autora de varios libros sobre creatividad e innovación. Como educadora, diseñó el modelo del Motor de Innovación que ha inspirado algunas partes de este libro. El curso fue una experiencia increíble de colaboración asíncrona a distancia, así como de aprendizaje de la creatividad. La teoría central del curso puede consultarse en su libro *Ingenius: Crash Course on Creativity*.

En su charla TED, titulada *Un Curso Intensivo de Creatividad*, la doctora explica que todo lo que necesitamos para desbloquear la creatividad está en su modelo de Motor de Innovación. Es una forma tipo Möbius con tres elementos externos que se refieren al entorno -cultura, recursos, hábitat- y tres elementos internos que afectan a la persona -actitud, conocimiento e imaginación-.

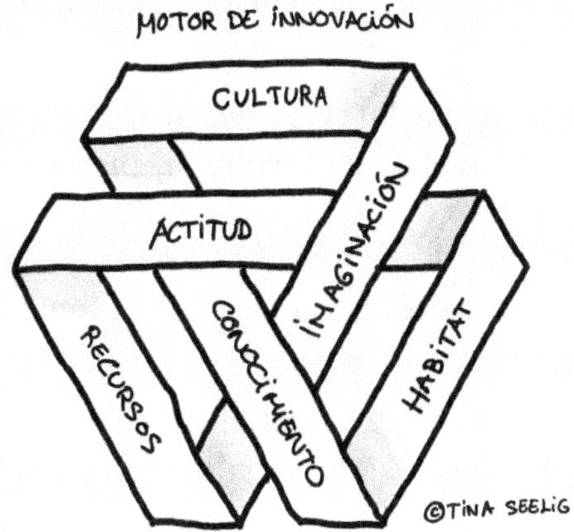

Describe **la imaginación** como lo que la mayoría de la gente llamaría **creatividad**.

Personas como Sir Ken Robinson han señalado que nuestros sistemas educativos tradicionales de occidente tienden a matar la creatividad. Una de las causas fundamentales es que enseñan un problema y una solución.

Pero podemos hacer las cosas de otra manera.

Por ejemplo, la doctora Seelig ofrece una forma diferente de practicar la suma: en lugar de preguntar cuánto es 5+5, pregunta qué dos números suman diez, lo que tiene infinitas respuestas correctas. Al reencuadrar el problema, abrimos la posibilidad y, por tanto, la creatividad.

Otros enfoques para fomentar la imaginación son la combinación de dos elementos cualesquiera, como en el Chindogu, el arte japonés de crear inventos *uti-nútiles*.

Consiste en diseñar productos que son nuevos, factibles e incluso tienen una función, pero que en la práctica son completamente inútiles.

Una búsqueda en Internet de "ejemplos de chindogu" mostrará zapatos con un paraguas incorporado en cada uno, un tenedor giratorio para enrollar espaguetis o una barra extraíble de mantequilla. En realidad, esta última me parece bastante útil para untar mantequilla, pero qué sabré yo.

Mi técnica favorita es desafiar las suposiciones. La Dra. Seelig desafió una vez a su alumnado a hacer algo de valor con el contenido de un cubo de basura. Para ella, la imaginación es el catalizador de la transformación del conocimiento en nuevas ideas.

Por lo tanto, se necesitan algunos **conocimientos** procedentes de aprendizajes anteriores, pero también unirlos para el reto que enfrentas prestando atención. También necesitas la **actitud** adecuada para poner las cosas en marcha: la motivación para encontrar la respuesta a los problemas.

A veces, la persona se siente totalmente equipada con estos tres elementos -imaginación, conocimiento y actitud- pero aun así no puede desarrollar todo su potencial porque el entorno no apoya la innovación.

Hay tres elementos equivalentes en el contexto organizativo.

El **hábitat** se asimila a la imaginación. Esto incluye a las personas con las que se trabaja, las normas, las recompensas, las limitaciones, los incentivos y también el espacio físico. La Dra. Seelig nos recuerda el espacio creativo ideal que todos teníamos en el jardín de infancia, lleno de muebles multiuso, colores y objetos para manipular (como mi material de creación de prototipos). Las empresas que organizan su espacio con un enfoque similar no solo fomentan la innovación, sino que también proclaman que la creatividad y el juego son bienvenidos y valorados. La imaginación puede impulsar lo que se construye, y lo que se construye repercute en lo que se imagina, piensa, siente y hace.

Para la Dra. Seelig, el conocimiento encuentra su contrapartida en los **recursos** que tienes a tu disposición. Puede ser dinero, pero también recursos naturales, procesos y cultura. Yo añadiría también el tiempo. El tipo de recursos que tenemos determina lo que podemos saber, mientras que lo que sabemos determina los recursos que podemos desbloquear.

La académica define la **cultura** de una organización como la actitud colectiva de una comunidad, y afecta a la forma de pensar de cada individuo. Al formar parte de los recursos, la cultura puede influir en gran medida en su utilización.

ENCENDER EL MOTOR DE LA INNOVACIÓN

Uno de los puntos más interesantes de este modelo de tira de Möbius es que puedes empezar a actuar sobre el Motor de Innovación en cualquier punto. Eso significa que si quieres innovar más, puedes empezar por ti, individualmente, o por la organización. Puedes optar por desarrollar tu imaginación, tus conocimientos sobre el área en la que quieres innovar o cambiar tu actitud. A nivel organizativo, puedes realizar pequeñas o grandes acciones que aborden el área de interés que hayas elegido: hábitat, recursos o cultura.

¿Cómo se hace esto?

Una persona de la dirección puede crear el hábitat o influir en la cultura.

Una persona que lidera un equipo puede replantear un reto o animar al equipo a ser más juguetón.

Una persona sin responsabilidad sobre otras puede empezar con su base de conocimientos o con una pasión o actitud para resolver un problema.

Como ejemplo personal, en una ocasión organicé un taller de *Design Thinking* en una de las salas de reuniones de nuestro edificio corporativo. Como no podía llevar a la gente del edificio a un entorno más inspirador, hice lo que pude con lo que tenía.

Según un estudio de la Universidad de Columbia Británica (2009), el azul se ha identificado como un color que ayuda al pensamiento creativo. En una serie de experimentos con más de seiscientos participantes, los investigadores midieron el rendimiento en seis tareas cognitivas orientadas al detalle o a la creatividad. Utilizaron ordenadores con una pantalla de color rojo, azul o blanco. Aunque limitaron el estudio en cuanto a la gama de colores, los resultados fueron sorprendentes: demostraron que el azul provocaba el doble de resultados creativos que el rojo. Eso fue un gran impulso.

Los investigadores consideraron que podría haber una asociación inconsciente debido a una percepción generalizada entre los participantes:

"Por sus asociaciones con el cielo, el océano y el agua, la mayoría de la gente asocia el azul con la apertura, la paz y la tranquilidad."

Eso puede hacer que la gente sienta que es seguro ser creativo. Curiosamente, sentirse seguro para crear duplicó la producción.

Por eso, para mi taller, entregué algunos documentos en carpetas azules y coloqué algunos paneles con algo más de color azul. También añadí una caja de chocolatinas para mantener el azúcar alto (no es la opción más saludable, pero es colorida, divertida y un poco traviesa). He lanzado un bombón de chocolate a algún participante como recompensa por una contribución particular. Últimamente, he traído juegos y *LEGOs* para calentar o crear prototipos, junto con papeles y rotuladores de colores. Cuando ha sido posible, he puesto música alegre durante las tareas de pensamiento creativo.

Ese es el gran poder de este modelo. No es necesario esperar a que se alineen ciertos astros. Puedes empezar a innovar justo donde estás y en aspectos que están bajo tu control, independientemente de tu puesto. Cualquiera de tus acciones hará que el motor avance. Por supuesto, cuanto más hagas, más rápido progresarás, y cuanto más alto sea tu estatus, más posibilidades tendrás de influir en los aspectos del entorno.

Sin embargo, yo iría primero a por la presa más fácil. ¿Qué es más fácil, más rápido o más barato de aplicar en tu organización? Cuando veas el impacto de las pequeñas acciones, te animarás a seguir buscando otras nuevas. Es posible que veas reacciones positivas en personas que podrían convertirse en futuros aliados.

Recuerda que puedes trabajar con

- tu propia:
  - imaginación
  - conocimiento
  - actitud

- tu organización:
  - hábitat
  - recursos
  - cultura

EL SECRETO DE UNA CULTURA DE LA INNOVACIÓN

Cuando se le pregunta sobre cómo fomentar una cultura de la innovación, Tyler Hayes, director general de Atom Limbs, se muestra bastante asertivo. Ha visto muchas empresas por ahí y tiene una opinión firme: "Las instituciones son la sombra alargada de las personas que las crearon".

Muchas empresas son fundadas por tres o cinco personas que se juntan y tienen un enfoque particular o un sesgo hacia la acción, o tal vez la reflexión. No importa. La realidad es que quienes fundan las empresas tienden a contratar a personas muy parecidas a ellas y así perpetúan sus rasgos principales durante años. Esto es natural en los seres humanos, pero tiene un efecto a largo plazo.

Así que, para Tyler, es imposible fomentar una cultura de la innovación a menos que ya forme parte de la cultura de la empresa desde el primer día. No se puede cambiar artificialmente.

Eso fue una revelación para mí, y una explicación de por qué es tan difícil cambiar la cultura en las organizaciones antiguas. La cultura no está en el aire, sino en los propios cimientos de la empresa.

Vishen Lakhiani, director general de Mindvalley, una empresa de aprendizaje *online* con más de trescientos empleados, es un buen ejemplo de ello. Él también tiene una firme opinión al respecto. Y predica con el ejemplo.

Sus tres consejos para crear una cultura empresarial sólida son (Chen, 2015):

- **"Establece un código de creencias"**. Sugiere que reúnas al equipo con cierta regularidad para definir los valores de tu equipo y de la empresa. Creo que una vez al año estaría bien, pero tienes que analizar la composición de tu equipo y si cambia regularmente o es más estable. Tus valores, según Lakhiani, pueden "ayudar a gobernar la estrategia empresarial". En este aspecto, organizar un taller de cohesión de equipos para descubrir los valores de las personas puede ser útil. Puede limitarse a la definición de los valores o llegar hasta la creación de una identidad visual del equipo (encontrarás las instrucciones al final del libro). Como puedes comprobar en esta lectura, algunos de mis valores fundamentales son el juego, la creatividad y el humor, y también me gustan la sencillez y el hecho de aportar valor.

- **"Al contratar, contrata por creencias"**. Lakhiani invita a los potenciales miembros del equipo a responder un cuestionario de creencias para ver si encajan bien, incluso antes de que conozcan al personal de RR.HH. Esto no quiere decir que debas contratar a personas como tú, con personalidades o ideas similares, como, según explicó Tyler, hacen muchas empresas de nueva creación. Hay que contratar a personas que crean en lo que haces y que compartan una visión similar de la empresa. Esto va de la mano -de nuevo- de la sugerencia de Simon Sinek de compartir lo que uno cree para atraer a personas que creen en las mismas cosas. Cuando estaba buscando una nueva persona para mi equipo, trataba de averiguar su personalidad, intereses, actitudes, objetivos en la vida y lo bien que podría encajar en el equipo actual. No he tenido la oportunidad de añadir las "creencias" a la ecuación, pero realmente me resuena.

- **"Crea una cultura que ayude a desarrollar creencias y hábitos saludables".** Lakhiani aconseja comunicar los valores con claridad y al mismo tiempo ser flexible. Las circunstancias y las creencias pueden cambiar con el tiempo, por lo que realizar actualizaciones periódicas puede ser útil para adaptarse en consecuencia.

EL MANIFIESTO DE LA CULTURA

En consonancia con estas ideas, Mario Armstrong, ganador de dos premios Emmy, presentador de televisión y empresario, tiene su propio enfoque para desarrollar la cultura, ya que es el fundador y director general de Never Settle Productions.

Cuando una nueva persona es contratada y entra por la puerta, lo primero que hace es preguntarle por sus pasiones. Mario intentará encontrar la manera de poder ayudar a que alcance esas pasiones y sueños dentro de las limitaciones de la empresa. También se asegura de que todo el mundo sepa que se espera que aporten sus ideas a la empresa.

Me identifico mucho con la forma que tiene Mario de incorporar a la gente al equipo. Puedo dar la bienvenida a un nuevo miembro del equipo en su primer día de trabajo diciendo: "Ya estás dentro. La entrevista ha terminado. Ahora cuéntame qué es lo que realmente te hace vibrar y hacia dónde quieres ir en la vida". Bueno, quizá no el primer día, pero sí en cuanto creo que se sienten lo suficientemente cómodos como para compartirlo. Hago todo lo que está en mi mano para ayudar a todos los integrantes a llegar hasta allí al compatibilizarlo con los compromisos del equipo.

Si alguien quiere ser líder de equipo en el futuro, puedo solicitarle formación en liderazgo. Además, también puedo darles oportunidades dentro del equipo para que guíen a una persona junior, hagan presentaciones a nuestros clientes internos o gestionen sus propios proyectos definiendo plazos y métodos. Si les interesaran, por ejemplo, los cómics de superhéroes, podría incluir algún tema en nuestras sesiones creativas, o si me encontrara con alguna información sobre el tema, podríamos tener una conversación informal para conocernos mejor.

Son cosas sencillas que no cuestan casi nada (salvo la formación) y que incluso pueden liberar a la persona responsable de algunas tareas. Esto también se llama delegación.

Volviendo a Mario, él crea un entorno seguro para que se produzca esta sana cultura creativa: sin cotilleos ni culpas, solo aprendizaje y soluciones. Básicamente, toda la plantilla firma el contrato del Manifiesto Cultural de la empresa cuando se incorporan a ella en lugar de un acuerdo de confidencialidad. Esto conlleva un fuerte mensaje de los valores de la empresa por sí solo: confianza frente a miedo.

Aquí puedes ver algunos aspectos destacados del Manifiesto de la Cultura, que se explican en su totalidad al final del libro.

- Una cultura irreprochable.

- ¡Los chismes no se toleran!

- ¡Todos somos *iguales*!

- ¡Date permiso! ¡Todas las ideas son válidas *y* esperadas!

- ¡Intención y propósito!

- ¡Sin suposiciones!

- ¡Hay que sobrecomunicarse!

- ¡Diviértete!

Mario me contó la historia de una empleada recién llegada que al principio no se creía que le estuvieran pidiendo ideas, ya que no es una práctica habitual en el mundo empresarial o incluso en la industria de los medios de comunicación. Con el tiempo, se atrevió a sugerir algo para un evento. El equipo la sorprendió cuando no solo les encantó la idea, sino que la llevaron a cabo. El evento fue un gran éxito y ella también fue elogiada por ello. Seguro que se sintió valorada y siguió ofreciendo más ideas.

ENTORNOS SEGUROS

Para Mario, la forma de tratar los errores, lo que hacemos y lo que no hacemos, es la forma de crear un entorno seguro. Como fundador, respira esos principios; realmente cree en ellos y los aplica.

Todo esto está bien con las empresas nuevas o pequeñas, pero **¿cómo cambiar la cultura de una empresa más antigua o más grande?**

En ese caso, el experto en innovación Pere Rosales sugiere apoyarse en la "sombra alargada de las personas que las iniciaron", como lo describió Tyler Hayes.

Pere quiere decir que cada empresa tiene que apelar a los valores originales de la persona fundadora para crear su nueva cultura, basándose en el ADN de la empresa. Dado que sus valores están arraigados en la empresa, parece más fácil basarse en la esencia de lo que pretendían conseguir al principio. Volver a las raíces, a los valores fundamentales, y adaptarlos al nuevo contexto.

Por otro lado, Tyler también cree que los humanos tienen un sesgo hacia la innovación. Ve a las criaturas pequeñas jugando y experimentando hasta que se les quita el poder creativo y finalmente se convierten en personas adultas. Para él, la verdadera pregunta es: "**¿Cómo se libera la innovación del interior de las personas?** La respuesta es simple, pero no tan fácil: 'Dales una caja de arena para jugar'".

En lugar de un conjunto de reglas, sistemas, limitaciones y tareas, se establecen retos y se da libertad a las personas para que elijan la solución, las tecnologías y las restricciones para que definan el juego.

Tyler compartió lo que hizo en una de sus empresas. Supongamos que contratas a un equipo de diseño gráfico. Puedes, como es habitual, pedirles que diseñen un sitio web utilizando una herramienta de diseño concreta, que lo construyan en un lenguaje de programación específico y una lista de funcionalidades concretas.

En cambio, les dijo: "Os he contratado para hacer diseño gráfico y necesitamos construir un espacio para que nuestra clientela pueda informarse sobre nosotros y nuestros productos, pero es vuestra decisión el qué, cómo y cuándo".

Pensaba que debían construir un sitio web para cumplir el requisito, pero le dio al equipo libertad para crear. En su lugar, el equipo creó una aplicación móvil que no solo ofrecía un catálogo de productos, sino también un medio de comunicación directa con la clientela.

En resumen, dar a la gente una caja de arena significa permitirles jugar con nuevas posibilidades y explorar tecnologías, procesos, herramientas y enfoques.

Eso implica darles también autonomía y responsabilidad.

En una entrevista con Kate Magee, Sir Ken Robinson explica que para potenciar su producción creativa, "las organizaciones tienen que entender el proceso creativo y dar a la gente acceso a él".

Las organizaciones se parecen mucho a los analfabetos, que tienen la capacidad física pero no el conocimiento. La gente necesita saber cómo funciona el proceso creativo. Pero, por otro lado, continúa Robinson, "si quieres una cultura creativa, tienes que analizar activamente qué barreras estás poniendo -conscientemente o no- y eliminarlas al tiempo que fomentas el proceso creativo de forma proactiva".

Lo que deduzco de las ideas de Robinson es que fomentar la creatividad es un proceso doble. En primer lugar, hay que eliminar las barreras, como la falta de tiempo o la presión. Después, hay que proporcionarle a la gente herramientas y técnicas, así como un entorno seguro en el que esté bien cometer errores para que puedan desarrollar su creatividad.

RESUMEN

La innovación es una gran palabra, pero con pequeñas acciones puedes activarla en tu equipo u organización.

El modelo del motor de la innovación de Tina Seelig sugiere tres ámbitos individuales y organizativos desde los que encender la innovación. Individual: imaginación, conocimiento y actitud. Organizativo: hábitat, recursos y cultura. Puedes actuar en cualquiera de estos vectores para empezar y eso pondrá en marcha el Motor de la Innovación. Puedes empezar por lo que es más fácil. En una organización, el hábitat es más fácil de modificar (incluso con elementos portátiles), mientras que la cultura es lo más difícil de abordar.

Los equipos fundadores de las empresas sientan las bases de la cultura contratando a personas con valores y rasgos similares a los suyos. Para fomentar la creatividad, pueden empezar por eliminar los bloqueos y luego enseñarle a la gente a ser creativa y proporcionar un espacio seguro para hacerlo. El Manifiesto de la Cultura de Mario Armstrong es un buen ejemplo del tipo de empresa que quiere que la plantilla comparta ideas.

Es muy difícil cambiar una cultura si no hay suficientes personas del equipo directivo comprometidas con ello. Puede ser una buena idea volver a comprobar el contexto y establecer expectativas realistas.

DESAFÍOS

Para encender tu Motor de Innovación, puedes probar algunas de estas actividades. Empieza despacio pero con constancia, una acción cada vez. Algunas personas pueden empezar a notar pequeñas acciones, y las que reaccionen positivamente pueden ser candidatas a acciones más comprometidas, como sesiones de café creativo.

- Cambia de hábitat:
  - Es posible que quieras dejar algo colorido o divertido a la vista y a mano. (Es decir, un cubo de *Rubik*, lápices de colores, figuras de *LEGO*, mini rompecabezas, arena kinética, etc.).

- Elige una imagen de fondo azul para tu ordenador o artículos de oficina (como un protector o alfombrilla de ratón).

- Pon música estimulante (con los auriculares puestos o simplemente a primera hora de la mañana, para que todos disfruten y empiecen el día con una sonrisa).

• Usa tus recursos:

- Ejecuta un programa experimental de café creativo durante seis semanas con entre dos y seis personas afines y amigables (encontrarás los detalles al final del libro).

• Define tu cultura:

- Realiza una sesión individual de autorreflexión *Moving Motivators* (detalles al final del libro) centrada en lo que te importa, en cómo de feliz estás con tus valores principales y en lo que puedes hacer al respecto a corto y largo plazo. Quizás quieras desarrollar un plan de acción.

- Ejercicio del manifiesto de Mario Armstrong. Revisa el Manifiesto de la Cultura (al final del libro) y adáptalo a tus necesidades o a las del equipo o empresa en la que estás. Si quieres, compártelo con quien lidera tu equipo y sugiere que lo comparta con el resto del grupo o de la empresa.

CAPÍTULO 4
EL EQUIPO DIVERSO

¿Contratarías a Elon Musk? Entonces estarías contratando a una persona con síndrome de Asperger, una condición neurodiversa que conlleva algunas dificultades pero también unos cuantos superpoderes. La neurodiversidad es un término que engloba a las personas del espectro autista, el trastorno de déficit de atención e hiperactividad (TDAH) y la dislexia, entre otros.

Elon Musk realizó un monólogo de apertura en *Saturday Night Live* en mayo de 2021 en el que bromeó: "No siempre tengo mucha entonación o variación en mi forma de hablar... lo cual, según me han dicho, es muy cómico". Más tarde, añadió: "Mira, sé que a veces digo o publico cosas extrañas, pero así es como funciona mi cerebro". Y terminó: "Para quien se haya ofendido, solo quiero decir que he reinventado los coches eléctricos y que voy a enviar a la gente a Marte en un cohete. ¿Creíais que también iba a ser un tipo normal y tranquilo?". (Extracto de https://www.bbc.com).

¿Y Richard Branson? ¿Lo querrías en tu equipo?

Branson es un conocido empresario de gran éxito, fundador del Grupo Virgin. Tiene dislexia, lo que, junto con algunas dificultades para procesar la palabra escrita, conlleva una forma de pensar muy diferente. Es otro gran ejemplo del poder de la neurodiversidad.

En un artículo reciente en LinkedIn, compartió:

"A los diez años, tenía muchas dificultades con la escuela y la dislexia. Tenía un espíritu inquieto y un mal expediente académico, lo que significó que casi me expulsaran del colegio solo para chicos al que asistía. Cuando tu potencial en la vida y tu autoestima están dictados por los exámenes y las pruebas de ortografía, es fácil sentirse perdido y como si el mundo estuviera en tu contra. Si tan solo mi yo de diez años pudiera ver que mi dislexia y mi diferente forma de pensar se convertirían en una de mis mayores fortalezas y me llevarían a una maravillosa aventura más allá de las puertas de la escuela...

Elon Musk y Richard Branson son dos casos extremos de lo que el pensamiento diverso puede aportar a la sociedad. Pero la diversidad tiene muchas formas y colores, y el reto de todo equipo es aprovecharla al máximo para que surjan las mejores ideas.

LO QUE ENTRA DETERMINA LO QUE SALE

Basura que entra, basura que sale.
—D. BIRSS

He elegido esta cita del experto en creatividad, Dave Birss, para representar la entrada y salida de ideas. Si tus recursos son limitados, no puedes esperar milagros en el otro extremo del proceso creativo. Por eso, la curiosidad es el motor de las ideas. Con un conjunto más amplio de materiales, puedes combinarlos infinitamente. En otras palabras, cuanto más rica sea la entrada, más rico será el resultado.

En el pasado, cuando he dirigido talleres de ideación con participantes de bagajes similares, me he encontrado con una variedad de ideas algo limitada. En cambio, cuando incluía a un par de personas con formaciones o procesos de pensamiento muy diversos, estas perturbaban la sesión de diferentes formas. Generaban ideas totalmente diferentes o interpretaciones distintas del problema.

De vez en cuando, he animado a Apu, un colaborador, a romper el hielo con alguna proposición descabellada. Así se crea un ambiente lúdico y se reduce el estrés que pueden sentir los demás por decir alguna estupidez. En la fase de ideación, siempre insisto en que pueden decir cosas "ilegales, inmorales o políticamente incorrectas". Lo que intento inculcar es la primera premisa de la ideación pura: suspender el juicio. Después descartaremos las ideas o las transformaremos para que sean legales y éticas.

El Dr. Franc Ponti es un experto en neurocreatividad o el estudio del cerebro en relación con los procesos creativos. Según su propia definición, es principalmente un académico que ayuda a las empresas. Más que estar en el ruedo, por así decirlo, inspira a la gente a través de sus nueve libros y diversos trabajos de consultoría.

En su libro *Free Brain*, el profesor resume su tesis doctoral sobre la desinhibición cognitiva, que es la capacidad de filtrar menos información o considerar más datos aparte de la información específica relacionada con la tarea que se está realizando. Por ejemplo, si te retara a preparar una tarta, lo natural sería disponer los ingredientes habituales sobre la encimera de la cocina: harina, huevos, leche, mantequilla y azúcar (bueno, dependiendo de la receta). Pero si decidieras aportar a la preparación otros ingredientes como atún, sopa de pollo, pimienta, o incluso flores o lechuga, eso lo convertiría en un pastel muy interesante y mostraría más desinhibición cognitiva.

El Dr. Ponti ha descubierto que las personas que filtran menos información tienen una base de datos más amplia para crear nuevas ideas al encontrar conexiones entre muchos más recursos. Las personas con menos desinhibición cognitiva tienen ideas más convencionales porque solo hacen malabarismos con las mismas ideas dentro del dominio del problema que intentan resolver. Antes de entrar en una sesión de resolución de problemas, es conveniente calentar los músculos cognitivos para conseguir cierto grado de desinhibición.

ESTILOS CREATIVOS Y PREFERENCIA COGNITIVA

La desinhibición cognitiva es una de las muchas formas en las que las personas pueden ser diferentes. Min Basadur, desarrollador del sistema de pensamiento *Simplexity*, describe diferentes estilos de pensamiento creativo. En una charla titulada "Aplicación de los estilos cognitivos a la innovación en equipo" ofrece otra descripción de lo que él llama diferentes estados mentales dentro del proceso creativo. Destaca que estos estados mentales pueden cambiarse, en oposición a los rasgos de la personalidad que no pueden cambiarse.

El modelo de Min Basadur se centra en los diferentes estilos cognitivos de las personas. Tenemos diferentes formas de adquirir conocimientos en un continuo que va desde la experiencia directa (hacer) hasta el análisis y la comprensión antes de pasar a la acción (pensar). Luego, hay una manera de utilizar ese conocimiento, desde la ideación hasta la evaluación. Si se dibujan ambos aspectos en una matriz se obtendrán cuatro perfiles, y todos ellos tienen un papel que desempeñar en el proceso de innovación:

- **Las personas generadoras** son de hacer e idear. Se centran en la creación de nuevos conceptos, el pensamiento divergente y la generación de opciones. Les gusta empezar, valoran las diferentes perspectivas y disfrutan de la ambigüedad.

- **Las personas conceptualizadoras** son de pensar e idear. Se centran en la definición de los problemas, en la unión de ideas y en la creación de ideas. Les gusta el pensamiento abstracto.

- **Las personas optimizadoras** son de pensar y evaluar. Se centran en convertir ideas abstractas en soluciones reales. Les gusta el pensamiento analítico y los problemas bien definidos (pero no les gusta la ambigüedad).

- **Las personas implementadoras** son de hacer y evaluar. Solo necesitan saber lo suficiente para pasar a la acción. Atraen a los demás con entusiasmo.

En la charla, explica cómo las generadoras son una minoría de personas en las empresas, alrededor del 17%, y las conceptualizadoras están ligeramente más presentes, con un 20%. Esto se debe a que las empresas contratan a los perfiles que hacen el trabajo: ejecutores o implementadores (42%) y optimizadores (28%). Las cifras proceden de su estudio con más de sesenta mil personas. Alrededor del 7% de la población entra en dos categorías, por lo que la suma de los porcentajes es un poco más del 100%. Por otra parte, ciertos trabajos favorecen ciertos estilos, por lo que un individuo que realiza ese trabajo puede desarrollar más ese estilo.

En el día a día, de forma simplificada, hay gente que tiene ideas y gente que las lleva a cabo. Trabajo muy bien con Julia, una colega que a veces me llama para que le dé ideas. Yo genero muchas, pero ella es brillante a la hora de seleccionar lo que es viable en el contexto dado y de tomar acciones sistemáticas a largo plazo. Se necesitan todo tipo de personas para llevar las ideas a la realidad y aprovechar al máximo los talentos de todos: gente que sea buena para entender el problema real, gente que pueda pensar en la solución y gente que pueda llevarla de principio a fin.

Además de estos perfiles, el modelo *Simplexity* presenta tres etapas de innovación:

- **La formulación del problema** la realizan las personas generadoras y las conceptualizadoras.

- **La formulación de la solución** la realizan las personas conceptualizadoras y optimizadoras.

- **La implementación de la solución** es llevada a cabo por personas optimizadoras e implementadoras.

Como se puede ver, todos los perfiles son necesarios en el proceso, que comienza con la ambigüedad, pero pasa a los planes de ejecución y a la acción al final. La mayoría de las personas suelen tener una mezcla de estas preferencias cognitivas, que son entrenables y pueden satisfacer las necesidades del problema.

Para Min Basadur, cualquier equipo puede avanzar en el proceso completo, independientemente de su composición. Para mí, cada tipo de proyecto necesitará una variedad de personas que puedan trabajar en cada estado, y la colaboración de todas ellas para lograr un objetivo común.

Diversidad

En su libro *Cómo llegar a las grandes ideas*, Dave Birss afirma:

"Una plantilla diversa puede ser la forma más poderosa de acceder a un pensamiento más diverso en una organización. Pero solo si se le permite".

Hace hincapié en las empresas que contratan un amplio abanico de perfiles solo para que se amolden a la cultura de la empresa, lo que desvirtúa el propósito.

En un estudio realizado por la Fundación IE y la Fundación para la Diversidad en 2019, concluyeron que las empresas que gestionan conjuntamente diversidad, innovación e innodiversidad son más competitivas (de Anca y Aragón, 2020).

María Eugenia Girón, presidenta de la Fundación para la Diversidad, explica que "la diversidad conecta con las necesidades de la empresa, mientras que si se gestiona adecuadamente, mejora la productividad y la implicación de la plantilla y, sin duda, favorece la innovación" (Fundación Diversidad, 2020).

Alrededor de trescientas empresas grandes, medianas y pequeñas de España fueron medidas por su nivel de diversidad, innovación e innodiversidad. Algunas conclusiones del índice de innodiversidad definido en el estudio fueron:

- La gestión de la diversidad de género está incluida en las estrategias corporativas del 87% de las empresas participantes.

- El segundo ámbito de interés (72%) es el talento de las personas con discapacidad.

- El tercer grupo de interés (66%) es el talento *senior*.

- Por último, el grupo que suscitó menos interés (42%) es el de la gestión del talento LGBTIQ+.

- Otros aspectos no tan relevantes para las empresas (menos del 42%) son la diversidad cultural, la diversidad cognitiva, la resolución de problemas, la personalidad, el liderazgo y el pensamiento crítico.

En resumen, aunque se ha hecho mucho, hay muchas maneras en que las organizaciones puedan ser más inclusivas. Hay mucho potencial en la diversidad cognitiva aún por explotar, y la falta de interés de las empresas podría deberse a que ignoran la importante contribución que puede aportar.

Para que quede claro, entiendo por diversidad todo lo anterior más los diferentes orígenes socioeconómicos o étnicos, las identidades de género, los bagajes, las opiniones y las creencias, entre otros no incluidos en el estudio referido.

En un momento me sumergiré en un aspecto más específico, pero antes me gustaría mencionar una afirmación de Fabienne Jacquet sobre la diversidad generacional. En su libro *Venus Genius*, se refiere a los estudios de Barbara Strauch sobre la edad y el cerebro. Estos estudios muestran que la materia blanca del cerebro alcanza su punto máximo entre los cuarenta y los sesenta y cinco años, lo que hace que los individuos de este grupo de edad vean mejor las conexiones y, por tanto, sean mejores solucionadores de problemas.

En mi experiencia personal, he visto a algunas personas jóvenes recién contratadas con una mentalidad muy conformista y poco dispuestas a investigar un tema desconocido, así como a personas de más de sesenta años muy dispuestas a aprender y desafiarse a sí mismas y la forma en que siempre se han hecho las cosas. Lo importante es la mentalidad, no la edad.

Fabienne también da una indicación muy útil para manejar la diferencia de opiniones que conlleva la diversidad. Tuvo una experiencia con un colaborador reacio en un taller, quien encontró el proceso tan útil que más tarde se convirtió en su mejor defensor en nuevos proyectos. Recomienda: "Merece la pena integrar a las personas que pueden no estar de acuerdo con lo que haces, o incluso pueden ser hostiles, siempre que estén en minoría y no arruinen la experiencia".

Cuando se practica la inclusión, se ofrece a las personas un entorno seguro en el que pueden expresar todo su ser, y los milagros -y la innovación- ocurren.
—FABIENNE JACQUET

DIVERGENCIA LÚDICA

Dave Birss va más allá en el análisis de la diversidad en el lugar de trabajo, y describe cuatro tipos de pensamientos divergentes que entran en la categoría de diferencia de opiniones:

El contrarianismo significa cuestionar el *statu quo* y ofrecer alternativas. Limitarse a criticar no es suficiente y es la parte en la que algunos caen con mucha facilidad. Tener una voz contraria en un equipo puede ser útil. Hay una técnica creativa, dada a conocer por Edward de Bono, llamada Los Seis Sombreros para Pensar, que hace uso de este tipo en forma de "llevar el sombrero negro". Ponerse el sombrero negro consiste en encontrar todo lo que puede ir mal en una idea. El resultado de ese ejercicio es una idea mejor formada, ya que hay que adaptarla para resolver las críticas.

Soñar despierto requiere dar rienda suelta a la imaginación. Esto es difícil para muchas personas porque la imaginación tiende a estar dormida en la mayoría de la gente, especialmente si han sido educados tradicionalmente (según Sir Ken Robinson).

Los **estados alterados** se refieren a que, a través de diferentes medios (herramientas, técnicas o sustancias), puedes cambiar tus ondas cerebrales y tener un tipo de idea diferente. Algunas de estas técnicas pueden conllevar riesgos para la salud, por lo que deben practicarse con la debida supervisión.

El **juego** es un espacio en el que se aplican diferentes reglas, se exploran diferentes ideas, se desarrollan habilidades de pensamiento, etc. Al haber utilizado el juego en el contexto de mi propia investigación (para desarrollar habilidades sociales en infantes con autismo), he visto de primera mano cómo es una herramienta sencilla pero eficaz para crear un entorno seguro donde explorar y asumir riesgos.

La propuesta de Birss de que el juego es un estilo de pensamiento divergente proporciona un argumento más para llevarlo a la mesa de trabajo. Sus efectos son casi inmediatos. No requiere formación ni conocimientos previos. Es seguro y de él se obtienen mejores ideas. Además, conlleva muchos efectos secundarios positivos, como la colaboración y la implicación, que se traducen en más ideas y productividad. Es posible que este tema aparezca a lo largo de todo el libro.

NEURODIVERSIDAD

Francesc Sistach es un antiguo consultor y empresario convertido en director general de Specialisterne para España, Italia y Latinoamérica. Specialisterne es una empresa danesa creada con el objetivo de proporcionar un millón de puestos de trabajo para personas dentro del espectro autista. Tras seis años en el cargo, Francesc ha contribuido a la contratación de más de cuatrocientas personas con neurodiversidad. Como orgulloso padre de tres descendientes, uno de los cuales tiene autismo, puede ver en primera línea lo que las personas dentro del espectro pueden aportar a un equipo de innovación.

El autismo es una condición que dura toda la vida y que puede incluir varios puntos fuertes que no se encuentran en las personas dentro del perfil neurotípico. Entre ellos se encuentran una gran atención a los detalles, una gran concentración durante largo tiempo, la capacidad de detectar patrones, la capacidad de realizar tareas repetitivas y una perspectiva distinta. Su forma diferente de ver el mundo es lo que distingue a estas personas y constituye su principal contribución a un equipo innovador. Perciben cosas que la mayoría de la gente ni siquiera ve, añaden más elementos para combinar y crear más soluciones. Pero también pueden compartir un punto de vista diferente que puede ayudar al equipo a descubrir nuevas posibilidades.

Amy Walker, defensora de las personas con autismo y profesional de la inclusión y la diversidad, extiende el rasgo de la neurodiversidad a muchas personas con discapacidad. En su artículo "Por qué la neurodiversidad favorece la creatividad" (*Why Neurodiversity Works for Creativity*) explica que para enfrentarse a un mundo sin discapacidades, las personas con discapacidades tienen que adaptarse. Se refiere a cualquier tipo de discapacidad.

Walker está segura de que "las personas discapacitadas son mucho más propensas a tener cerebros 'neurodivergentes', es decir, mentes que perciben y funcionan de forma diferente a la norma".

Está claro que la diversidad en un equipo fomenta una mayor variedad de pensamiento, ya que los diferentes bagajes y experiencias de cada individuo se suman a la base colectiva de conocimientos. Cuantos más elementos haya para combinar, más opciones se generan, en una forma de desinhibición cognitiva colectiva, como explicó el Dr. Ponti.

Como antigua investigadora y formadora en el campo del autismo y la tecnología, he presenciado lo diferente que puede ser la percepción del mundo neurodiversa frente a la neurotípica. La esencia del proceso creativo reside en combinar dos conceptos para crear uno nuevo. La mayoría de las personas perciben cosas similares y las combinan, y esto genera resultados similares. Si perciben elementos diferentes, combinarán elementos diferentes y generarán ideas diferentes.

Por otro lado, los expertos consultados no conocían ningún estudio que concluya si las personas del espectro autista son más o menos creativas que las neurotípicas.

Llevé a cabo una pequeña encuesta en un grupo de LinkedIn sobre autismo y tecnología que creé hace años y que, en aquel momento, contaba con casi novecientos miembros de diferentes ámbitos (profesional, familiar, investigación, docencia). En la encuesta, planteé la siguiente pregunta:

"¿Crees que las personas del espectro autista son más creativas, igual de creativas o menos creativas, en comparación con las personas neurotípicas?".

De las nueve respuestas que recibí al cabo de una semana, estos fueron los resultados:

- Más creativas: 44%
- Igual de creativas: 56%

- Menos creativas: 0%

Por supuesto que no es representativa, pero suscitó un comentario especialmente interesante de Michelle Hays, profesora de Educación Especial y madre de una joven con autismo:

> *Basándome en mi experiencia trabajando con docenas de individuos con autismo, no creo que realmente se pueda generalizar su creatividad como un todo. He comprobado que algunos de ellos son extremadamente creativos (algunos en teatro, otros en artesanía, otros en danza, otros en escultura, mientras que otros son más del tipo ingeniero). También pueden atascarse mucho creando el mismo tipo de obra una y otra vez. Hay otros que no disfrutan del proceso creativo y prefieren reglas y rutinas rígidas y predecibles.*

Michelle tiene mucha razón sobre la trampa de la generalización. El mérito individual debe ser la base para considerar a cualquier individuo, no las suposiciones sobre estilos cognitivos o niveles de habilidad social o lingüística.

También advierte: "Los equipos de personas neurotípicas se basan principalmente en el lenguaje, un área de extrema dificultad para las personas con autismo. Esto puede inhibir su capacidad de participar adecuadamente en la cultura y el estilo del equipo".

Aunque me lo tomo en serio, creo que esto entra dentro de la categoría de "crear un entorno seguro": facilitar los diversos estilos de comunicación de las personas para que cada contribución pueda ser escuchada. En mi práctica diaria, comparto los fundamentos del pensamiento visual en la medida de lo posible, lo que facilitará que las personas neurodiversas puedan transmitir sus ideas.

Lo que parece claro es que un individuo con autismo que participa como parte de un equipo innovador enriquecerá el entorno con detalles y perspectivas, mientras que también aportará la posibilidad de una producción creativa más variada del equipo.

En conclusión, hay mucho potencial creativo sin explotar en las personas con discapacidad y en el pensamiento diverso de todo tipo. Tenemos que aumentar la visibilidad del potencial de la neurodiversidad y la diversidad en general para poder aprovecharlo. Proporcionar un entorno de apoyo para dar rienda suelta a este potencial puede ser una de las inversiones más rentables que puede hacer una empresa.

RESUMEN

Según Min Basadur, la innovación consta de tres etapas: definición del problema, búsqueda de la solución e implementación de la solución. Cada una de estas etapas requiere diferentes estilos cognitivos para llevarlas a cabo: generador, conceptualizador, optimizador y ejecutor.

La diversidad tiene un impacto positivo en la innovación, y las empresas que la gestionan adecuadamente tienen una ventaja competitiva. Dentro de los muchos aspectos de la diversidad, la cognitiva es todavía una fuente sin explotar. Fomentar el pensamiento divergente también puede ayudar al desarrollo de ideas. Existen diferentes medios para lograr este pensamiento divergente: el contrarianismo, el soñar despierto, los estados alterados y el juego.

Además, las personas con discapacidad tienen que ser más creativas para adaptarse al mundo.

La neurodiversidad aporta nuevas perspectivas, identificación de problemas y estilos de pensamiento a un equipo, lo que fomenta ideas más originales. También puede suscitar mejores estilos de gestión y el compromiso de la plantilla, lo que resulta en una mejora de la cultura laboral.

Apoyarse en la diversidad es, posiblemente, una de las mejores inversiones para conseguir más ideas originales y, por tanto, innovación en una empresa. Para ello se necesita tanto un grupo de personas diversas como un entorno inclusivo en el que todos se sientan seguros para contribuir.

DESAFÍOS

Debemos crear un espacio de trabajo más inclusivo y diverso, pero primero necesitamos saber dónde estamos.

El primer paso puede ser aprovechar al máximo el tipo de diversidad que ya tenemos. Eso significa coger una bebida, un bolígrafo y un trozo de papel, y luego establecer un tiempo de reflexión:

- Reflexiona sobre tu perfil cognitivo. ¿Dónde te sientes más en tu elemento? ¿Definiendo problemas, encontrando soluciones o implementando soluciones? ¿Te identificas más con la generación, la conceptualización, la optimización o la ejecución? La mayoría se inclina hacia uno o dos tipos.

- Reflexiona sobre tu propio equipo. ¿Qué perfiles representan? Puedes compartir con el equipo la charla de Basadur y mantener una conversación abierta sobre los tipos con los que se sienten más identificados. Incluso podrías hacer una votación secreta en la que cada miembro del equipo asigne un tipo de diversidad al resto. Puede ser muy informativo. A veces tenemos una percepción individual que difiere de cómo nos ven otras personas. También puedes reflexionar sobre el impacto que esta distribución de tipos está teniendo en la producción creativa del equipo.

- Reflexiona sobre la diversidad de tu empresa. ¿Cómo podrías beneficiarte de aumentar el nivel de diversidad en tu empresa? ¿Qué puedes hacer para aprovechar al máximo el talento diverso del que ya dispones?

LOS PROCESOS

~ oo~ ooo

CAPÍTULO 5
PROCESOS CREATIVOS

¿Has tenido que escribir un relato en el colegio alguna vez? Tenías que crear algo en el momento, obligatoriamente. Tal vez te daban un tema, o una temática general, y una longitud (digamos una o dos páginas, que estamos hablando de la escuela primaria).

Las pocas veces que me ha pasado, siempre me ha parecido un rollo al principio. Sé que algunas personas son muy imaginativas con respecto a las historias, pero yo no soy una de ellas.

Lo abordaba desde el marco de narración que conocía entonces: inicio, desarrollo (donde ocurre lo más interesante) y desenlace. Al principio, elegía un personaje (probablemente yo o un familiar) y algún contexto relacionado con el tema, como el descubrimiento de América, y luego me ponía a escribir.

Érase una vez cuando viajaba en un barco con mi nuevo jefe, Cristóbal Colón...

Probablemente tenía que pensar mucho en lo que iba a decir a continuación, una frase cada vez. Con el tiempo, se producía un cambio. La historia adquiría una entidad propia, y en lugar de tener que pensar mucho en lo que iba a decir a continuación, no podía alcanzar las ideas que fluían de mí. Me sentía como si hubiera estado haciendo girar un molino de viento a mano, pero, de repente, el viento soplase a mi favor.

La inspiración me llegaba mientras *trabajaba*.

Este capítulo explora la creatividad deliberada y la espontánea, la habilidad y el tiempo mínimos y necesarios para empezar, y algunos de los obstáculos que puedes encontrar en el camino.

LA PRODUCCIÓN CREATIVA MÍNIMA

Mi trabajo escolar fue un ejercicio que comenzó con un proceso deliberado. Como dijo el pintor Pablo Picasso: "La inspiración existe, pero tiene que encontrarte trabajando". Yo lo experimenté. Sin embargo, dedicar horas a la transpiración en un proyecto creativo es un lujo que quizá no tengas.

Durante los primeros años después de tener a mi hijo, tenía poco tiempo libre entre un trabajo a tiempo completo, otro a tiempo parcial, los desplazamientos y la familia. Aunque me encanta la fotografía y el vídeo, no tenía tiempo para ninguno de los dos.

Pero cuando hay un problema, hay una oportunidad. Si no tenía tiempo libre, ¿cómo podría dedicar tiempo a un proyecto creativo?

La solución me esperaba en el trabajo. Allí tenía un bloque de tiempo completo, libre de tareas, a mi disposición. *La pausa del almuerzo*. Tenía cuarenta y cinco minutos para mi uso personal. Y los usé.

Conseguí llevar a cabo un proyecto personal llamado #LunchBreak (pausa de almuerzo). (Lo sé, demasiado fácil). Se trataba de una serie de sesiones de retratos individuales de nueve compañeros y compañeras de trabajo durante la hora del almuerzo en un lugar cercano a la oficina. Hablábamos tranquilamente de camino al lugar, hacíamos las fotos y volvíamos a la oficina. Una vez en casa, descargaba y seleccionaba rápidamente mis cinco o seis mejores imágenes, las editaba en mi iPad y *voilà:* serie de retratos terminada. En total, menos de veinte horas de trabajo a lo largo de dieciocho meses. Era difícil organizarse.

La cuestión es que encontré las rendijas en mi apretada agenda para tener tiempo para un proyecto creativo.

Algún tiempo después, volví a anhelar alguna actividad creativa. Ya ves, cuando tienes el gusanillo de la creatividad, te da la lata para hacer algo, pero yo seguía con una agenda muy apretada.

Encontré una forma de sacarme esa espina creativa gracias a un teléfono móvil e Instagram. Empecé un proyecto mínimo continuo, #OnMyWayToWork (de camino al trabajo). (Realmente pienso mucho en estos títulos). En ese caso, las rendijas en mi horario eran mi tiempo de desplazamiento hacia y desde el trabajo.

Hacía una foto de algo que me llamaba la atención durante mi viaje, la editaba rápidamente y la subía a Instagram sobre la marcha en menos de un minuto. Había encontrado mi producto creativo fotográfico mínimo: el reto fotográfico de un minuto.

Defino el producto creativo mínimo (PCM) como la unidad más pequeña de trabajo creativo compartida o mostrada. Es una prueba física y observable (digital o analógica) del pensamiento creativo y ayuda a desarrollar la confianza creativa.

El término se basa en el concepto de Dosis Mínima Efectiva, popularizado por Tim Ferriss en su libro *The 4-Hour Body.* Ferriss atribuye al Dr. Arthur Jones el término que se refiere a la menor cantidad de esfuerzo necesaria para alcanzar un objetivo deseado en un tratamiento o procedimiento, incluida la duración. Puede aplicarse a un tratamiento de salud, a un objetivo de *fitness* e incluso al trabajo.

Con el tiempo, he encontrado diferentes productos creativos mínimos en otros ámbitos, como el dibujo o la escritura. La cuestión es que requieren un minuto o menos, muy poco equipo y una habilidad mínima. El objetivo no es producir un resultado de calidad, sino simplemente empezar. Puedes ganar confianza creativa, ampliar tu zona de confort, alimentar tu cerebro al aprender habilidades desde cero y adquirir el hábito de ser creativo. Además, crearás un porfolio de trabajo para mostrar todos tus esfuerzos creativos.

Establecer un reto específico, limitado en el tiempo o en el número de entregables, aporta dos ventajas. En primer lugar, se practica la disciplina de dedicar tiempo y atención a un solo proyecto. En segundo lugar, comprendes la importancia de la ejecución para hacer tangibles las ideas.

Puedes encontrar muchas ideas para un proyecto en la sección de retos de un minuto al final de este libro. Puede que te lleve más tiempo al principio, pero los retos de un minuto están diseñados para minimizar la cantidad de tiempo, habilidad y recursos necesarios para empezar. Aquí tienes un par de ejemplos:

- Dibuja patrones en una pequeña nota adhesiva.

- Crea un sencillo videoclip de TikTok de quince segundos.

- Escribe un *haiku* libre (un micropoema de tres versos con un patrón de cinco-siete-cinco sílabas) o un *tweet* con un pensamiento personal.

EN LA CAJA O NO; ESE ES EL RETO

Como has visto, el primer paso hacia la creatividad es pasar a la acción, luego puedes llegar a un bloqueo o a un problema que no puedes resolver.

"¡Piensa fuera de la caja!", te puede sugerir alguien. Significa que, para resolver un problema concreto, hay que buscar fuera de los límites de ese problema. Esto es como utilizar una gama de conceptos fuera del campo específico del problema, muy parecido a la desinhibición cognitiva de la que habla Franc Ponti.

Pero, en la sociedad occidental, a veces interpretamos la expresión como "para crear, no necesitas límites", ya que el "dentro de una caja" es limitante y el "fuera de una caja" es ilimitado.

César Astudillo, diseñador y músico experimentado, prefiere "superar los límites y trabajar dentro de una caja más grande".

Mi experiencia personal es que necesitamos restricciones. Te dan un marco claro dentro del que operar y ser creativo. Incluso cuando nada parece posible porque la caja es muy pequeña, siempre hay una rendija de oportunidad esperando a que la encuentres. Para estar tranquila, prefiero centrarme en lo que sí puedo hacer.

¿Qué opinas de las limitaciones creativas?

DEFINE LA CAJA

A veces, se trata de ayudar a alguien a cambiar una caja por otra.

Bart, uno de nuestros diseñadores, tuvo que crear un nuevo diseño de aplicación. Se trataba de un nuevo proyecto de un producto con potencial impacto en el mercado, y quería diseñar algo diferente.

Le reté: "Sé disruptivo".

Sin embargo, su primer intento estaba bastante dentro de su zona de confort. El problema, pensé, era que estaba diseñando directamente en el ordenador (su "caja" elegida).

Le sugerí: "¿Por qué no empiezas con un lápiz y un papel?".

Hizo lo que muchos diseñadores gráficos harían: cogió un papel cuadriculado (la segunda "caja" preferida) y dibujó el nuevo concepto, utilizando incluso reglas para producir líneas rectas.

Constaté que el diseño seguía siendo correcto y continuaba dentro de su zona de confort. Me di cuenta de que no me estaba comunicando bien al ver los resultados. Así que intenté retocar un poco más el proceso.

"¿Cuáles son tus colores favoritos?", le pregunté.

"Azul, verde y rojo".

Luego añadí: "Me gustaría que crearas tres conceptos muy diferentes, a mano alzada, en un papel blanco liso, y uno de ellos tiene que ser muy loco". Le entregué rotuladores de color morado, rosa y marrón. (Cualquier cosa que no fuera su opción favorita. Espero que veas la lógica).

Me conocía desde hacía tiempo, así que ni siquiera pestañeó ante mi petición y se puso manos a la obra.

El objetivo era sacarlo del terreno conocido. Ya sabes, las restricciones son un refuerzo de la creatividad. Finalmente, Bart llegó a un diseño muy original. ¡Bravo! El trabajo y el mérito eran completamente suyos.

He compartido la historia para resaltar que se puede tener el talento, la habilidad y la voluntad de hacer el trabajo, pero se necesita un proceso iterativo y deliberado para encontrar las claves específicas para desbloquear la creatividad que un individuo o equipo en particular ya tienen.

¡SAL DE LA CAJA!

En otros momentos, la caja es donde se trabaja, literalmente entre cuatro (¿seis?) paredes.

Maggie, otra de nuestras diseñadoras, estaba trabajando en un nuevo logotipo y se sentía bloqueada. Ese día en concreto, estaba trabajando desde casa, así que le pregunté en qué barrio vivía. Localicé un parque cercano con el que estaba familiarizada.

A continuación, lancé el reto: "Voy a pedirte que te des una vuelta por el parque y les preguntes lo mismo al menos a cinco desconocidos de distintos grupos demográficos. 'Cuando oyes el nombre de nuestra marca, ¿en qué piensas?', y podemos discutir sus respuestas después".

"Uf", fue su reacción.

"Uf" es una expresión española con múltiples significados, que yo interpreté aquí como: "Mierda. Esto no me gusta nada, pero tengo que hacerlo porque mi jefa me lo pide. De todas formas estoy atascada, así que no tengo nada que perder".

No se me da bien contar historias, pero por lo visto, a veces se me da bien inventar lo que pasa por la mente de los demás.

De todos modos, tenía tres razones para enviarla fuera, que espero que entiendas después de leer cómo ella recuerda la historia:

Recuerdo que estaba en casa, bloqueada, y teníamos que dar con varios conceptos. Teníamos dos ideas esbozadas y no se me ocurría nada más. [Mi jefa y yo] hablamos por teléfono y le conté mi problema. Me dijo que saliera a la calle con un cuaderno y que hiciera algunas preguntas sobre el sector y el nombre de la marca. Cuál era su opinión sobre el sector, qué esperaban de él.

Hablé con una mujer joven, un vendedor de tienda de cómics de mediana edad, una señora y dos hombres mayores. Estos dos últimos se mostraron muy desagradables y molestos con la industria en cuestión. Uno de ellos empezó a gritarme y salí corriendo, asustada.

La idea era recoger opiniones sobre el sector y lo que representaba para ellos. Me lo llevé a casa y me pareció muy útil para perfilar un par de ideas más. Bueno, también fue muy embarazoso. Me resultó muy difícil llevarlo a cabo, pero lo hice. Me resultó muy útil para aclarar mi mente, salir del entorno en el que estás bloqueado. Hice algo totalmente diferente, así que te olvidas completamente de lo que estabas pensando antes. También estaba un poco ansiosa por la tarea: ¿tengo que hablar con extraños aquí en la calle? Te centras en la tarea diferente, y hablar del tema con diferentes personas me dio nuevas ideas.

Ahora bien, no envío a todo el mundo a la cafetería de la esquina a charlar con desconocidos por diversión. Eso puede ser un buen descanso para cualquiera, pero mis razones estaban un poco más fundamentadas que eso.

- Primero, Maggie tenía que salir de casa y enfrentarse a la gente sobre su proyecto. Recoger el *feedback* de la audiencia es una de las técnicas básicas de diseño de la experiencia del usuario, que además te proporciona diferentes puntos de vista e interpretaciones (un material de partida muy jugoso).

- Segundo, sabía que sería incómodo para ella en particular, por lo que la alejaría de una mentalidad rutinaria estática. Para otra persona esta tarea no movería la aguja de la zona de confort a la de riesgo y habría tenido que pensar en algo diferente.

- En tercer lugar, la hizo caminar, y un movimiento repetitivo como ese ayuda a la inspiración.

Al final, la experiencia fue fructífera; algunas personas mencionaron ciertas palabras que hicieron que sus ideas fluyeran de nuevo y siguió adelante y produjo un hermoso logotipo.

POWERWALKING

Como has visto en las historias de los diseñadores, "la caja" es un punto de referencia útil, pero puedes ser juguetón y cambiarla o salirte de ella si lo necesitas. En el ejemplo de Maggie, también le pedí que saliera a la calle porque eso la haría caminar. Si alguna vez has estado caminando, corriendo, montando en bicicleta o nadando y se te ha ocurrido una idea que ha resuelto algún problema, no ha sido por casualidad. Hay una razón biológica para ello.

Las cuatro etapas de la creatividad son la preparación, la incubación, la iluminación y la verificación, al menos según la obra de Graham Wallas *El arte del pensamiento* (1926), tal y como recoge Eugene Sadler-Smith, profesor de Comportamiento Organizacional de la Universidad de Surrey. Wallas creó su modelo basándose en los relatos de diferentes creadores contemporáneos, entre ellos, el matemático Henri Poincaré.

Algunos de los procesos descritos aquí encajan en ese modelo. La magia está en dejar que la mente subconsciente haga el trabajo, desde la preparación hasta la iluminación, momento en el que surgen las ideas, mientras la mente consciente está ocupada haciendo alguna actividad que no sea demasiado exigente (como caminar).

En la preparación defines el problema que te preocupa. El experto en *flow* (flujo) y creatividad Steven Kotler hace recomendaciones específicas para la incubación, basadas en el método de Lee Zlotoff, creador de la serie de televisión *MacGyver*. Sugiere que el periodo de incubación puede ser de entre una y cuatro horas, mientras que los principiantes deberían tomarse medio día e, idealmente, dejarlo toda la noche. La actividad puede ir desde la jardinería hasta las tareas domésticas o los largos paseos. En realidad, ver la televisión dificulta el proceso porque requiere demasiado procesamiento mental.

De hecho, la ciencia respalda la idea de que salir a pasear estimula la creatividad. La científica del comportamiento y el aprendizaje, Marily Oppezzo, realizó cuatro estudios al respecto, como explica en una charla TED con más de cuatro millones de visitas.

En un estudio, las personas participantes realizaban dos rondas de tormenta de ideas durante cuatro minutos para proponer usos alternativos de un objeto. El primer grupo, el de control, estaba sentado en ambas rondas. Un segundo grupo estaba sentado en la primera ronda y caminaba en una cinta de correr en la segunda. Luego, un tercer grupo caminaba en la cinta de correr en la primera ronda y se sentaba en la segunda. Sé que suena un poco confuso, y va a peor, pero ten paciencia.

El grupo de control produjo una media de veinte ideas en la primera ronda, con resultados similares en la segunda.

El grupo que caminó primero duplicó el número de ideas del grupo de control en la primera ronda y siguió generando muchas ideas en la ronda sentado. Por último, el grupo que estuvo sentado primero y luego caminó, comenzó con números medios en la primera ronda, pero aumentó los resultados en la segunda.

Conclusión: caminar mientras se hace una tormenta de ideas potencia la creatividad.

Era consciente de estas conclusiones cuando envié a Maggie al exterior en busca de inspiración. La tarea que le propuse estaba muy orientada al diseño y se basaba en ella y en su proyecto. Pero ¿cómo se generaliza esto a cualquier tipo de reto creativo?

Oppezzo recomienda el siguiente protocolo para maximizar el rendimiento creativo:

1) **Elige un tema** para hacer una tormenta de ideas.

2) **Camina a un ritmo cómodo.** Puedes correr ligeramente si ese es un ritmo fácil para ti. En términos generales, utiliza cualquier movimiento repetitivo de ritmo fácil.

3) **Genera el mayor número de ideas posible.**

4) **Habla y graba.** Utiliza tu teléfono o cualquier otro dispositivo de grabación para no tener que pararte a escribir e interrumpir el flujo.

5) **Hazlo durante un tiempo determinado.** Si no se te ocurren ideas, déjalo y vuelve a hacerlo más tarde.

Este es un experimento fácil de probar. Por experiencia, recomiendo, sea cual sea la actividad física que elijas, evitar la multitarea. Caminar y hablar con alguien por teléfono, escuchar *podcasts* o incluso música, puede no liberar suficiente espacio mental para que surjan las ideas. Pero cada persona es diferente y quizá la música te funcione.

Tu cerebro, tu experimento.

CREATIVIDAD DELIBERADA

Al hablar de creatividad deliberada, la primera persona que nos viene a la mente es Thomas Alva Edison. La historia sobre sus mil intentos de crear la bombilla es un relato impreciso pero acertado, porque pone el foco en el aprendizaje de mil cosas que no funcionaron (Dyer y Martin, 1910).

Edison es un referente de un enfoque sistemático y científico de la creatividad: plantea tu hipótesis, prueba tus variables de control, analiza los resultados e itera. Aprenderás algo en cada iteración.

Si Thomas Alva Edison estuviera por aquí, ¿intentarías aprender de lo que él hace? ¿Y si pudieras aprender de alguien igualmente prolífico?

El Dr. Nakamats es todo un personaje. Como titular de múltiples patentes, este inventor japonés ha desarrollado un proceso muy personal y específico para despertar la creatividad que se necesita para innovar (Chic, 1990). Es probablemente el proceso más elaborado y profesionalizado que he visto nunca. Parece permitir al autor crear bajo demanda.

1) **Cálmate**. Ha instalado una **habitación estática** en la que disfruta de paz y tranquilidad. Solo hay cosas naturales: un jardín de rocas, agua corriente natural, plantas, y todas las paredes son blancas. En este espacio, puede asociar libremente y dejar que su mente vague por donde quiera. A esta etapa la llama "incubación ingenua". Este paso se basa en los

principios neurocientíficos que demuestran que la creatividad y el estrés son opuestos; es necesario eliminar el estrés (reducir los niveles de cortisol) para poder crear.

2) **Dinamízate**. Para esta etapa, el Dr. Nakamats entra en su **sala dinámica**: oscura, con paredes a rayas blancas y negras, muebles de cuero y equipos especiales de audio y vídeo. Allí escucha diferentes géneros musicales, en este orden: *jazz*, luego *easy listening*, y luego termina con la *Quinta Sinfonía* de Beethoven, que le parece buena música para las conclusiones. Entiendo esto como una fase de preparación para la fase final.

3) **Nada**. En una piscina, el Dr. Nakamats contiene la respiración de una manera particular y nada bajo el agua, y cuando se le ocurre una idea, la escribe en su propio bloc de notas de plexiglás patentado. Lo llama "natación creativa". Esta es la forma que tiene Nakamats de maximizar la producción creativa, en consonancia con los hallazgos de Oppezzo.

Esto va de la mano de la afirmación general de que las mejores ideas surgen mientras se está relajado: en la cama, en el autobús o en el baño. Algún tipo de actividad relajada y repetitiva prepara el terreno para que las ideas se revelen.

Edison y Nakamats desarrollaron sus propios procesos para lograr una producción creativa sistemática y bajo demanda. Explora y prueba diferentes enfoques hasta que encuentres el tuyo.

CREATIVIDAD ESPONTÁNEA

En el otro extremo está el caso de la creatividad espontánea, cuando no tienes intención de crear pero te asalta una idea. Después hay que tener intención para registrar la idea, elaborarla y ejecutarla, que es donde la mayoría de los que sueñan despiertos fracasan.

Juan Antonio Pino es un doctor en medicina con un foco humanista y un planteamiento "casero" (*DIY*) de resolución de problemas. A lo largo de su carrera, ha desarrollado varios inventos para mejorar su propio trabajo como anestesista. Utilizó un matasuegras en el que introducía el gas necesario para sedar a los niños en el quirófano. Más tarde, diseñó una cama móvil monitorizada, mucho antes de que alguien patentase y vendiese una. Empezó a codificar programas en BASIC para calcular la dosis adecuada mucho antes de que fuera la norma.

Con el matasuegras, Juan Antonio fue pionero en crear juegos a partir de procedimientos médicos. Este matasuegras es el mismo juguete que se utiliza en las fiestas y consiste normalmente en un tubito con una boquilla en un lado que, al soplar, hace un ruido chirriante y extiende un tubo de papel enrollado en el otro lado. Normalmente, se exhala para soplar y se inspira por la boquilla para volver a meter el rollo de papel. La idea de Juan fue introducir el tubo de gas en el tubo de soplado, de modo que cada vez que una persona inhala, todos los gases anestésicos entran por completo.

Yo fui una afortunada usuaria de ese dispositivo y puedo asegurar que una niña pequeña, rodeada de misteriosos señores enmascarados y vestidos de verde, puede sentir miedo. Tener una experiencia lúdica como esta puede quitarle parte del miedo, mejorar la eficacia del gas y dejar un grato recuerdo de toda la experiencia. Era más fácil lograr la conformidad que intentar poner una máscara respiratoria.

El proceso de Juan se basa en la mentalidad de su infancia, siempre con una actitud positiva ante las situaciones. No sabía cómo se iban a resolver los problemas, pero había que hacer algo.

En sus propias palabras: "El problema está presente y martillea en mi subconsciente hasta que, de repente, mientras duermo, veo la televisión o hago cualquier otra cosa, surge la chispa, tras una afortunada asociación de ideas o razonamientos".

Sin saberlo, primero es consciente de un problema (preparación), lo incuba, y luego se ilumina, de repente.

Pero hay algo más. Juan siempre ha tenido curiosidad por el mundo que le rodeaba. Cuando notaba algo diferente a lo esperado, intentaba aprender más sobre ello. A veces descubría que había un problema.

Recuerda el caso de un paciente que estaba a punto de morir a causa de una afección hepática y al que debía cuidar durante la noche. Sentía curiosidad por el olor característico de esta afección, pero mientras estaba cerca del paciente, no lo olía. Hizo un análisis de orina para saber qué pasaba y encontró un problema de azúcar. Juan administró insulina al paciente y le salvó la vida. Había habido una confusión con los resultados del laboratorio. De hecho, fue la curiosidad de Juan la que salvó la vida del paciente.

ALIMENTA TU MONSTRUO CREATIVO

Como has visto, la curiosidad es clave para resolver problemas, así como una cierta cantidad de riesgo, otro elemento del *flow*, el estado que aumenta la producción creativa (Kotler, 2021).

Si quieres aumentar tu creatividad, Steven Kotler sugiere tres cosas que debes hacer de forma constante:

- **Ten curiosidad**. Incluso si no tienes mucha curiosidad por naturaleza, Kotler recomienda cargar tu "sistema de reconocimiento de patrones con la materia prima que necesita para encontrar conexiones". Sugiere leer entre veinticinco y cincuenta páginas de un libro que no sea tu especialidad.

Alternativamente, añadiría que puedes ver charlas TED, escuchar *podcasts* o asistir a talleres prácticos o conferencias, todo ello fuera de tu especialidad. Esto alimentará tu cerebro con ideas y habilidades para que tu reserva creativa de conceptos sea más amplia.

- **Expande tu pensamiento**. Sugiere: "En lugar de abordar los problemas desde los ángulos conocidos, ve hacia atrás y hacia los lados y con estilo. [...] Aumenta masivamente la cantidad de novedades en tu vida. Los nuevos entornos y experiencias suelen ser el inicio de las conexiones que se convierten en nuevas ideas".

Para mí, la mejor manera de hacerlo es viajar. Lo segundo es mezclarse con gente de otros países y exponerse a sus esquemas de pensamiento, historia y cultura. Sugiero a los amantes de la cerveza que prueben un nuevo sabor o marca cada vez que salgan. Lo mismo se aplica a comer fuera, o a cualquier afición basada en los sabores: prueba uno nuevo, si puedes, en cada oportunidad (vino, queso, hamburguesa, cata de aceite de oliva...).

- **Prioriza la creatividad**. "Haz de la creatividad un valor y una virtud". Steven quiere decir hacer de ella una prioridad, un "imprescindible" en lugar de un "estaría bien tenerla". Siendo la gasolina de la innovación, en los tiempos en que más necesitamos la innovación, es esencial que nos tomemos la creatividad en serio. No es algo que se haga para elevar la moral; se necesita para sobrevivir.

También puedes seguir el ejemplo del experto en conducta, Ken Hughes. Explica en una charla TED cómo pasó un año "experimentando algo lúdico, algo arriesgado, algo nuevo que nunca había hecho antes, cada día".

Fue un reto decir que sí a todo lo que le proponían, incluso pintarse las uñas de los pies, una sugerencia de su hija pequeña. Su experimento cumplía todos los puntos de Steven, ya que supondría que hay cierto riesgo en ir a hacer la compra sin más ropa que una toalla, sugerencia de su hijo de ocho años, además de enfrentarse a nuevas situaciones. Comenzó como un experimento para pasar el tiempo y tener días memorables, pero ahora aborda la creatividad organizativa con más "descubrimiento, diversión, juego, travesuras y riesgos".

¿Cómo te sentirías si dijeras que sí a todo durante un año? Probablemente sería una época muy divertida y memorable. Probablemente se extendería a todos los ámbitos de tu vida y repercutiría incluso en tu entorno laboral. ¿Te atreves a intentarlo?

RESUMEN

El proceso creativo puede dividirse en preparación, incubación, iluminación y verificación.

Este proceso puede requerir mucho tiempo, pero se puede empezar con muy poco. El producto creativo mínimo es la unidad más pequeña de trabajo creativo que puede compartirse o mostrarse y ayuda a desarrollar la confianza creativa.

La creatividad deliberada es sistemática, metódica, y garantiza que haya algún resultado creativo.

La creatividad espontánea es disruptiva pero imprevisible. Hay formas de fomentarla, como salir a dar largos paseos o hacer alguna actividad rutinaria que no requiera toda la potencia del cerebro.

La creatividad se basa en la curiosidad y la asunción de riesgos. Cuanto más alimentes la curiosidad y entrenes tus músculos creativos a diario, mejor será el resultado cuando tengas un gran reto creativo.

DESAFÍOS

La creatividad requiere práctica, pero puedes empezar poco a poco y aumentar tu confianza a partir de ahí. Escoge cualquiera de los siguientes retos para empezar y procura probarlos todos en algún momento. Relájate y diviértete.

- Encuentra un momento en el que puedas disponer de tiempo de forma constante durante veintiún días y proponte un reto creativo de un minuto (más detalles al final del libro).

- Reflexiona sobre alguna situación en la que necesites salir de un bloqueo creativo. ¿Cómo lo harías?

- Adapta alguno de los procesos que has leído, el que más te resuene, y describe o define el tuyo propio. Juega con él, explóralo.

- Carga tu sistema de reconocimiento de patrones al aprender algo nuevo -libros, *podcasts*, charlas, talleres- a diario.

- Di sí a cosas nuevas diariamente. Pueden llevar poco o mucho tiempo y ser individuales o una experiencia compartida.

- Organiza paseos de tormenta de ideas, preferiblemente sin distracciones, pero con un dispositivo de registro (lápiz y papel, grabadora de voz…).

- Desafía a tu equipo o a tus colegas con algunas de estas tareas o pídeles que compartan sus conocimientos o intereses con el equipo.

- Vete a una sesión de degustación (cerveza, vino, chocolate, queso, aceite de oliva…).

CAPÍTULO 6

DISEÑAR LA INNOVACIÓN

¿Te gusta la buena comida? A mí me gustaba mucho antes de poder permitirme ir a restaurantes, y por eso empecé a cocinar. Suelo seguir las recetas al pie de la letra la primera vez, para tener una referencia del sabor. A partir de ahí, las modifico por diversión o por necesidad. En una ocasión, la falta de ingredientes convirtió los espaguetis con tomate en macarrones con mojo canario (salsa roja). El pensamiento alternativo en acción.

Cuando la gente se motiva para llevar la creatividad al lugar de trabajo, pronto tropieza con un muro: ¿Cómo hacer para que no sea una pérdida de tiempo con un montón de gente lanzando ideas al azar? ¿Cuál es la receta? ¿Y cuál es el objetivo?

La creatividad es la gasolina que impulsa el motor de la innovación, término acuñado por Tina Seelig en su modelo de innovación. El objetivo de aumentar la creatividad en las organizaciones es **poder** innovar a todos los niveles. Se han creado diferentes procesos para llevar las ideas de problemas a soluciones implementadas. Funcionan de forma muy parecida a una receta y son útiles para empezar. Sin embargo, cada receta puede y debe adaptarse a las necesidades del reto, el equipo y el contexto.

Antes de lanzarnos a los procesos creativos, puede ser útil comprobar si de verdad hay un problema que resolver.

PARA Y PIENSA ANTES DE HACER

Si solo tuviera una hora para salvar el mundo, dedicaría cincuenta y cinco minutos a definir el problema y solo cinco a encontrar la solución.
—ATRIBUIDO A ALBERT EINSTEIN

La cita subraya la necesidad de investigar los hechos que rodean al reto para resolver el problema adecuado. Cuando nos apresuramos a ejecutar lo que parece ser la solución a un problema crítico, nos arriesgamos a gastar tiempo y recursos en algo que no resolverá el problema real. Al mismo tiempo, estamos posponiendo la verdadera solución.

Los equipos de desarrollo se enfrentan a una gran presión para entregar el *software* a tiempo. La realidad es que cuanto más te apresures, más errores cometerás y más tiempo tardarás en hacer algo. Este es un momento de *parar* y *pensar* antes de *hacer*. Puedes acelerar más tarde, en la dirección correcta.

Dedico algo de tiempo a esto porque es fundamental. A veces puedes descubrir que ni siquiera tienes un problema o un proyecto.

Hace algún tiempo, un colega se dirigió a mí con una petición. Parecía ser una tediosa tarea de creación de un manual de usuario, que requería el aprendizaje de la herramienta de mi colega. Tras una conversación, la tarea se convirtió en un tutorial individual sobre cómo hacer *screencasting* (captura de vídeo). Le di un rápido tutorial y se fue a crear guías en vídeo por su cuenta.

Si empiezas a pensar de forma eficiente, te sorprenderá la cantidad de tiempo y esfuerzo que acabas ahorrando. Puedes preguntarte:

- ¿Es esto realmente necesario?
- ¿Qué es lo que *realmente* quiero conseguir?
- ¿Hay alguna otra forma de conseguirlo que sea más fácil, más rápida o menos costosa?
- ¿Alguien más ha resuelto un problema similar?
- ¿Puedo reutilizar algo? Y así sucesivamente.

En el caso mencionado, la necesidad era que los usuarios aprendieran. La petición inicial era crear un manual, que los usuarios tienden a no leer (por lo tanto, no aprenden). Los videotutoriales creados directamente por la persona que tenía los conocimientos eran la forma más eficiente de enseñar a los usuarios.

Así que, por favor, detente y piensa. Cuando reconozcas que realmente necesitas una nueva solución, entonces puedes sumergirte en uno de los siguientes procesos.

SOLUCIÓN CREATIVA DE PROBLEMAS

Así pues, has comprobado que tienes un problema real en busca de una solución. ¿Cómo lo haces? Utilizando la solución creativa de problemas, por ejemplo.

El proceso de Solución Creativa de Problemas (CPS), formalizado en los años 50 por Alex Osborn y Sidney Parnes, se sigue enseñando en el Centro Internacional de Estudios de la Creatividad del Buffalo State College y en la Creative Education Foundation. El CPS emplea tres pasos principales, que incluyen la exploración del reto, la generación de ideas y la preparación para la acción.

Con el tiempo, el método ha evolucionado para tener en cuenta nuevas investigaciones, además de ampliarse para considerar aplicaciones grupales y organizacionales. Me he formado en el *Advanced Creative Problem Solving* (ACPS) con Juan Prego, de Actitud Creativa. En este enfoque, como en cualquier otro, hay que tener claro el objetivo que se persigue y si este proceso es el más adecuado para resolverlo. En el núcleo del ACPS hay tres etapas principales:

- **Explorar el desafío** primero, a través de **la percepción** como fuente de conocimiento. Observas cómo ves la situación y exploras otras formas de mirarla, cambiando tu perspectiva. Luego **interpretas** lo que ves, extraes conclusiones y **defines** el verdadero reto que vas a abordar. Es una fase de aprendizaje, porque identificas lo que sabes y encuentras hechos.

- **La fase de generación de ideas** o **solución** trata de llegar a ideas originales y útiles. Si se deja un periodo de incubación tras la definición del reto, entonces se pueden obtener algunas **inspiraciones** (momentos *¡Eureka!*). A continuación, el proceso de **ideación** proporciona un método sistemático de generación de ideas. Una vez que tienes ideas, necesitas filtrar, organizar, evaluar y seleccionar las mejores. Este paso puede requerir que **desarrolles** las ideas lo suficiente como para explicar su valor.

- **La acción** es lo que convierte las soluciones en proyectos aplicables en el mundo real. El primer paso es ampliar los detalles de la idea (propuesta de valor, riesgos, competidores) e identificar y resolver los puntos débiles para fortalecer la idea. A continuación, se valida con la clientela o los usuarios, utilizando prototipos cuando sea necesario, y se mejora la idea con sus comentarios. Por último, se pone en práctica la idea con un diseño de producto mínimo viable, una hoja de ruta provisional y una planificación. Así es cómo se hace realidad una idea.

Como puedes ver, aunque todos pensamos en la ideación como el núcleo de un proceso creativo, cuando se trata de resolver un problema real, hay mucho más que hacer antes y después para asegurar que estamos construyendo una solución para el problema correcto. De lo contrario, es tiempo perdido.

Ahora bien, este es un proceso guiado que requiere cierta formación para facilitarlo. He incluido este resumen aquí para proporcionar algunos antecedentes sobre los orígenes del proceso de *Design Thinking* que normalmente utilizo. Pero para un equipo que se enfrenta a un reto no relacionado con las personas, probablemente sea una buena opción. Sé por experiencia que hay muchos problemas de este tipo en tecnología.

DESIGN THINKING

Puedes utilizar un proceso de *Design Thinking* (pensamiento de diseño) para obtener ideas para tu problema. El *Design Thinking* es una evolución de la CPS, con un enfoque de diseño centrado en el ser humano, que pone al ser humano (usuario) en el centro de todo el proceso. Además, tiene un aspecto iterativo.

Existen varios modelos diferentes, desarrollados por IBM, IDEO y otros. Yo lo simplificaré compartiendo el modelo propuesto por la D.School de la Universidad de Stanford, presentado en un doble diamante de fases alternativas divergentes-convergentes, tal y como propone el British Council. En la práctica, cualquier modelo con el que se tenga la oportunidad de trabajar será suficiente. Se trata de un proceso guiado, y la atención debe centrarse en el problema y la solución, no en el proceso.

En una fase divergente, estás abriendo el problema, expandiéndolo. Si empezaste con un problema, en esta **f**ase tratarás de encontrar muchos más. Si intentabas encontrar soluciones, también intentarás encontrar muchas más.

En la fase convergente, se empieza con muchas preguntas o problemas y se intenta decidir (converger) cuál se va a resolver, o se empieza con muchas ideas y se intenta decidir cuál se va a ejecutar.

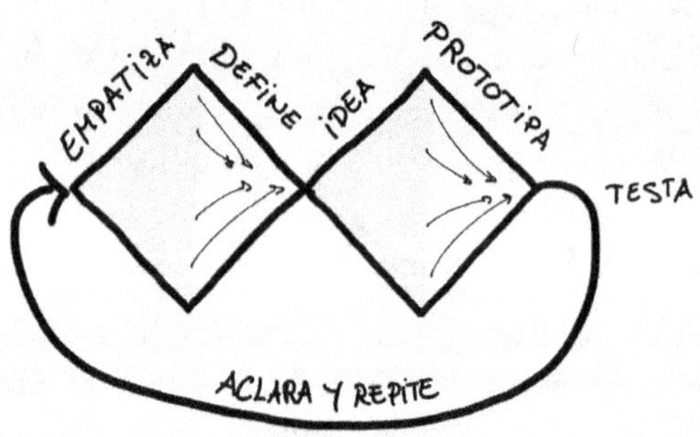

Los pasos básicos del modelo D.School son:

*   **Empatizar**: escuchar, investigar, comprender el problema.

- **Definir:** decidir un nuevo problema a resolver.
- **Idear:** generar ideas.
- **Prototipar:** elegir una idea y crear un prototipo.
- **Probar:** probar el prototipo con personas usuarias, aprender de ello e iterar.

Dependiendo del problema y del contexto, puedes utilizar diferentes técnicas en cada etapa. Estas pueden ir desde la observación, la entrevista o el mapa de empatía (fase de empatía), hasta el *brainwriting* o *teamstorming* (fase de ideación), pasando por maquetas en papel o *role-play* (fases de prototipado y prueba).

Aunque el modelo parece secuencial, puedes empezar en cualquier punto y volver a un punto anterior en cualquier momento. Es bastante flexible.

Habiéndome formado y practicado tanto en el *Design Thinking* como en ACPS, creo que la ACPS sigue estando vigente para los problemas en los que no hay un ser humano al final. El *Design Thinking* es mi proceso preferido para los problemas de las personas. Creo que formarte en ambos amplía tus posibilidades en la práctica.

¿SE PUEDE Y SE DEBE HACER DESIGN THINKING?

En las secciones anteriores, has aprendido sobre dos procesos facilitados. Como principiante, pueden parecer un poco fuera de tu alcance en este momento. Se han hecho muchos esfuerzos para hacerlos más prácticos en el ámbito empresarial.

Por ejemplo, el *Design Sprint*, popularizado sobre todo por Jake Knapp en el libro *The Design Sprint*, se basa en la metodología *Design Thinking* y **Lean Startup** para crear un proceso paso a paso. El *Design Sprint* original, creado en Google Ventures, ha sido utilizado por muchas empresas de todo tipo, pero se diseñó para las *start-ups.* Consiste en un evento de cinco días en el que los principales interesados se reúnen con alguien con el rol de facilitador, para llevar a cabo una serie de actividades intensas y puntuales que darán lugar a un prototipo probado al final del evento.

Tenny Pinheiro, por su parte, es una combinación inusual de diseñador e ingeniero, y autor del libro *The Service Startup.* Su misión es democratizar el diseño y llevarlo a personas normales que puedan entender y utilizar sus principios en sus negocios. Creó la Design Sprint School para ofrecer un curso práctico y sin jerga para personas propietarias de pequeñas empresas.

Aunque estos métodos y herramientas pueden ayudarte a seguir el proceso, César Astudillo, un referente en el mundo del diseño en España, tiene algunas dudas al respecto. Astudillo cree que utilizar estas técnicas sin una formación en diseño puede ser contraproducente. El libro de Jake Knapp puede dar la falsa impresión de que cualquiera puede facilitar el proceso, mientras que hay mucho más por hacer que seguir los pasos.

Por controvertido que parezca, estoy de acuerdo tanto con las críticas de César como con los anteriores. Tomemos un momento para aclarar algunos puntos.

A César le preocupa que reducir el diseño de una disciplina que se tarda años en dominar a un taller de una tarde es perder una oportunidad. Considera que el diseño y la creatividad son culturas de cambio, pero para que la transformación se produzca es necesario tomarse el tiempo suficiente. También, y más importante, es necesario tener suficiente habilidad. Esta habilidad no es solo diseño visual, sino más bien un oficio y una forma de pensar que mezcla conocimientos y procesos intuitivos sutiles, incluso el pensamiento estratégico. César ofrece un ejemplo muy gráfico: "El *Design Thinking* es al diseño lo que el karaoke es a la música". Afirma esto al tiempo que reconoce que hay un público para todo.

Además, explica César, separar las cuatro actividades del doble diamante en fases secuenciales es un arma de doble filo. Es una buena fórmula de partida para garantizar que las personas principiantes consigan resultados, pero también puede ser una camisa de fuerza para personas con experiencia. Cuanto más competentes se vuelven, más trabajan, de forma que estas actividades se suceden en paralelo como un proceso continuo de creación exploratoria, incluso lúdica y reflexiva.

El último consejo de César es doble: "Una vez que tengas suficiente práctica, en el momento en que sientas que el resultado será mejor alterando el orden de estas actividades, hazlo sin ningún rastro de culpa. Y si sigues el método al pie de la letra, ten en cuenta que la parte más importante del método es la iteración. Pasar por el doble diamante una sola vez es casi una garantía de soluciones pobres. Por muy poco tiempo que tengas, es mejor que reduzcas el tiempo dedicado a la primera iteración para dejar espacio, como mínimo, a una segunda".

Entiendo sus preocupaciones y las comparto, ya que hay un tiempo y un espacio para cada enfoque. Democratizar el diseño puede hacer que muchos proyectos sean mejores por el hecho de pensar un poco más en quienes serán sus destinatarios, o de hacer unas cuantas preguntas más al principio, de lo que sería de no hacerlo. Los equipos que no pueden contratar a alguien para diseñar pueden, al menos, pararse a pensar en el público usuario, crear algunos prototipos y hacer pruebas antes de lanzarse a programar.

La investigación cualitativa es una diciplina con técnicas propias como las entrevistas, los cuestionarios y los experimentos. El diseño implica habilidades que van desde el gusto visual y estético hasta los procesos creativos intuitivos y sistemáticos. Hay mucho trabajo y desarrollo profesional en esto. Es un arte que se tarda años en dominar. Cuando hay mucho en juego, hay que recurrir a profesionales con experiencia para que elijan la técnica más adecuada para el proyecto en cuestión y ofrezcan el mejor resultado.

INTRODUCIRSE EN EL DESIGN THINKING

Hasta ahora has leído una variedad de enfoques, y todo puede parecer abrumador. Pero no temas. Aquí quiero compartir algunos métodos simplificados de *Design Thinking* para principiantes, desde talleres introductorios hasta la estructura de una sesión fácil de seguir.

EL PROYECTO DE LA CARTERA

La D.School de la Universidad de Stanford ha creado un par de talleres de noventa minutos para introducir los elementos del *Design Thinking* a personas noveles. Están disponibles de forma gratuita en su página web. Allí encontrarás las instrucciones para los talleres presenciales y online.

Creo que tener esta comprensión práctica del proceso es muy útil para perfiles de ingeniería y desarrollo, aunque no lo utilicen a diario. El material ofrece una guía paso a paso de dos proyectos diferentes, uno más orientado al producto y otro más orientado al servicio.

Puedes elegir el Proyecto de la Cartera, que te guiará para crear la mejor cartera para tu pareja de taller. La alternativa es la Experiencia de Regalo que tienes que diseñar para alguien que conozcas, y está más orientada al servicio. Cuidado: algunas personas pueden confundir el diseño de una *experiencia de regalar* (un servicio) con el diseño de un *regalo* (un producto). La realización de uno de estos talleres es un buen manual para personas que no diseñan y diseñadores noveles que se inician en el proceso.

UNA SESIÓN SIMPLIFICADA DE *DESIGN THINKING EXPRESS*

Es posible llevar a cabo un proceso acelerado de *Design Thinking* en dos horas. Pero, para que funcione bien, el equipo debe conocerse, compartir mucha información de base y estar familiarizado con el método.

La estructura general puede ser la siguiente:

Empatizar. En la práctica real, una solicitud de proyecto debería ser el catalizador de una conversación para entender lo que la clientela quiere conseguir, más allá de la solicitud. También es posible que quieras investigar y reflexionar en profundidad sobre las causas del problema o el reto de tu cliente.

Definir. Después de conocer mejor el contexto, tendrás una idea clara de cuáles son los aspectos específicos del problema que hay que resolver, por lo que te decides por uno.

Idear. A continuación, puedes llevar a cabo una tormenta de ideas *para* encontrar soluciones al problema elegido. Explora las soluciones y luego decídete por una.

Prototipo. El objetivo es validar la idea, y eso se puede hacer incluso con maquetas de papel. Se busca el enfoque

que lleve menos tiempo de implementación y que se comunique de forma más eficaz.

Pruebas. No incluimos las pruebas como parte de la sesión exprés, pero también puede llevar poco tiempo recoger las opiniones de la gente destinataria sobre el producto.

Si quieres probar esta sesión exprés, encontrarás más detalles al final del libro.

RESUMEN

Antes de lanzarte a la implementación, es muy importante pararse a pensar para asegurarse de que se está resolviendo el problema correcto.

El *Design Thinking* es un proceso de innovación centrado en el ser humano, hijo del *Creative Problem Solving*, que se centra en la identificación de las necesidades del público usuario y en la creación de prototipos y pruebas de las soluciones.

Aunque el diseño es una amplia disciplina que lleva años dominar, algunos de los principios pueden simplificarse para mejorar el resultado de los proyectos innovadores realizados por legos en diseño. Los principios básicos son tratar de entender el problema antes de lanzarse a idear y luego validar e iterar la idea.

DESAFÍOS

Puedes familiarizarte con el proceso de *Design Thinking* en poco tiempo probando estas actividades:

- Realiza un taller de *Design Thinking* por la D.School de Stanford: https://dschool.stanford.edu/resources/the-gift-giving-project.

- Diseña y dirige una sesión simplificada de *Design Thinking*, como se describe al final del libro.

CAPÍTULO 7
ACTIVAR LA CREATIVIDAD DEL EQUIPO

La improvisación nos libera de ser personas perfectas, de tener el control, de pensar por adelantado y de dudar. Al principio puede parecer un salto al abismo, pero una vez que saltas, el miedo se convierte en emoción y tu imaginación se pone en marcha.
—LINDA NAIMAN

Hace algún tiempo, me pidieron que pensara un nombre para un servicio concreto. Hacía un buen día y teníamos a casi todo el equipo en la oficina, así que decidí hacer una rápida sesión de **brain-walking** (tormenta de ideas en movimiento). Salimos del edificio y empezamos una conversación informal sobre los atributos del producto: útil, rápido, fácil de usar, etc. Rápidamente pasamos a los nombres. Yo tomaba nota de todo lo que se decía mientras dábamos la vuelta a la manzana. (Sí, dirigir la sesión, escuchar las ideas y anotarlas mientras se camina es un reto).

En unos treinta minutos, generamos una larga lista de más de cuarenta nombres, para empezar, y nos reímos mucho con algunas de las sugerencias. Preseleccionamos algunos nombres y los enviamos a nuestro cliente interno para que su equipo votara o sugiriera algo más.

Normalmente, prefiero las sesiones de *brainwriting* a las sesiones convencionales de *brainstorming*. Pensé que caminar al aire libre sería lo suficientemente útil para neutralizar los aspectos negativos. La tormenta de ideas habitual suele ser un espacio dominado por las personas más habladoras. Sin embargo, la clave del éxito en los procesos de ideación es suspender el juicio, aceptar las ideas de todo el mundo y construir sobre ellas.

En nuestra tormenta de ideas a pie, intentamos animar a todo el equipo a participar. Nos aseguramos de que cada persona aportara al menos un par de conceptos utilizando turnos. Escuchar las ideas de los demás ayuda a desencadenar más ideas de otros miembros del equipo. En cualquier caso, no se trata de un concurso de quién genera más contenido. Lo que importa es el resultado colectivo, y eso requiere activar la creatividad del equipo.

CALENTAR EL TALENTO COLECTIVO

Hace poco, reunimos un equipo muy heterogéneo para un proyecto con metodología ágil. Como es habitual en las empresas tecnológicas, había mucha presión para obtener resultados. Tuvimos que trabajar para acelerar la cohesión del equipo, porque es clave para el máximo rendimiento. Necesitábamos que el equipo se conociera y se generase confianza mutua lo antes posible.

Tuvimos el lujo de compartir una sala común en la que montamos el hábitat con grandes paneles de pizarra y muchos elementos visuales (notas de bienvenida, diagramas de procesos, valores del equipo). Esta comunicación visual era un elemento central en la dinámica, porque era una forma de compartir información crítica del proyecto y fomentar un animado intercambio de ideas en todo el equipo.

También organizamos un taller de identidad de equipo durante media jornada (puedes encontrar instrucciones detalladas en el capítulo "Guiones de sesiones"). La sesión se diseñó en torno a "juegos serios". Empezamos con una actividad de percusión corporal de pie, en la que nos unimos para crear un ritmo común. Troy, uno de nuestros diseñadores *senior,* y también baterista, dirigió la actividad y le añadió un poco de gracia. Al ser después de la comida, el movimiento activó a la gente, mientras que el ritmo colectivo creó una sensación de unidad, todo el mundo golpeando al mismo tiempo.

Cada participante presentó a otra persona al grupo utilizando un modelo de *LEGO* que representaba las mejores cualidades de ese individuo. Al disponer todos los modelos juntos sobre una mesa, se pudo ver la diversidad de talentos y el poder colectivo del equipo.

Después de eso, el conjunto de participantes creó un modelo de su equipo ideal para trabajar, mostrando los valores fundamentales que tendría. Explicaron sus modelos y acordaron uno común que representara los valores del equipo.

El último paso consistió en que tres equipos trabajaran en una plantilla para definir una identidad de grupo metafórica que representara esos valores. Presentaron sus propuestas y votaron por una: la nueva identidad del equipo.

Después del evento, elaboramos carteles y colocamos los valores en las paredes para que estuvieran permanentemente presentes en la sala. Estas indicaciones visuales les recordaban tanto sus valores comunes como la sesión en la que los acordaron y el buen rato que habían pasado entre todos.

En menos de dos horas, se conocieron, se sintieron valorados por los demás, reflexionaron sobre sus propios valores y fijaron los valores de equipo a los que aspirar. Genial para la productividad. Al mismo tiempo, se divirtieron, jugaron con *LEGOs*, hicieron música, se rieron y activaron su creatividad. Genial para la implicación.

De nuevo, hay más de lo que parece.

Aparte de la cohesión de equipos, el objetivo de las sesiones creativas es desarrollar los músculos creativos y obtener ideas: nuevos productos o servicios, cómo mejorar los procesos internos o cómo hacer de la oficina un lugar mejor para trabajar. Creatividad con un propósito y una ejecución. Un motor de innovación puesto en marcha.

TÉCNICAS CREATIVAS PARA EQUIPOS

Hay toneladas de técnicas de creatividad que puedes encontrar en libros clásicos como *Thinkertoys,* de Michael Michalko, *Gamestorming,* de Gray, o casi cualquier libro de Edward de Bono. Se puede activar la creatividad del equipo de tantas maneras que es fácil perderse. Quiero compartir mis cinco técnicas favoritas para guiar tus primeros pasos.

"SÍ, Y".

He tomado prestada esta técnica de improvisación cómica (Hough, 2011). Un principio muy importante en la improvisación cómica es que hagas quedar bien al equipo. Esto, a cambio, genera confianza. También requiere empatía.

La técnica que utilizo consiste básicamente en que alguien empiece a construir una historia con cualquier declaración. Puede ser algo mundano; lo primero que hicieron esa mañana, por ejemplo.

- Participante 1: "Esta mañana, cuando me he despertado, no quería levantarme porque sentía un terrible cansancio".

Entonces, la siguiente persona continúa diciendo: "Sí, y…".

- Participante 2: "Sí, y lancé el despertador al otro lado de la habitación cuando sonó".

- Participante 3: "Sí, y como era verano, había dejado la ventana abierta".

- Participante 4: "Sí, y el despertador cayó por la ventana hasta el suelo".

La última persona dirá: "Sí, y…", pero intentará cerrar la historia.

- Participante 5: "Sí, y vivo en un segundo piso. Oí a alguien quejándose y maldiciendo, así que apagué la luz".

Se trata de construir sobre lo dicho por la persona que le precede añadiendo algo a la historia. Este enfoque neutralizará la actitud de "sí, pero" que puedes encontrar al ofrecer una nueva idea. La regla requiere que aceptes la propuesta recibida tal y como es y le añadas valor. Nada de "pero", solo "y".

Si has creado una historia inicial con un equipo utilizando la fórmula "sí, y", entonces puedes desafiarlos con variaciones según la disponibilidad de tiempo:

- Cuenta la historia en la mitad de tiempo, lo que te obligará a dejar cosas fuera.

  - "Me he levantado con cansancio".

  - "Y yo golpeé el reloj".

- "Y la ventana estaba abierta".

- "Y el reloj se cayó".

- "Y nadie murió".

- Cuenta la historia de nuevo a personas del extranjero o a un grupo infantil de cinco años (lo que puede requerir que dupliques la expresividad). ¿Quieres probarlo?

Además de los beneficios de fomentar la colaboración, mediante la escucha activa y la comunicación, esta técnica desarrolla la capacidad de narración y la creatividad en el momento. Para mí, es una de las más completas de todas.

Si la practicas periódicamente, te darás cuenta de que interiorizas los principios y se trasladará a tu forma de recibir las ideas de los demás en el día a día. Esta es la esencia misma de un entorno seguro para innovar. También es barata, fácil y divertida.

DADOS DE HISTORIAS PARA TODO

Puedes utilizar la improvisación para romper el hielo por sí sola o en combinación con los dados de historias, utilizando las imágenes de los dados como estímulo para el relato.

Conocí los dados de historias al observar los juegos y las retrospectivas ágiles. Mucha gente utilizaba los Rory Story Cubes, un juego de nueve dados con diferentes iconos que representan conceptos básicos (pie, cara, bombilla, etc.). Hay alternativas de diferentes marcas, y puedes hacer los tuyos propios con rotuladores permanentes sobre dados en blanco, o también dados de papel caseros. Dave Birss ha creado un juego en línea gratuito y con un bonito diseño para sesiones a distancia que te permite elegir entre cinco o nueve dados.

Los equipos utilizan los dados de historias en las retrospectivas para hablar del proyecto o un *sprint* pasado, pero también para planificar la siguiente etapa o el futuro del equipo. Puedes inspirarte en el enfoque que Sumit Sethi compartió en un post de LinkedIn:

- Las personas se turnan para lanzar cuatro dados normales. Si obtienen un seis, pueden tirar los dados de historia.

- La persona con rol de narrador lanza los nueve dados del juego y tiene que usar al menos cinco para contar su historia. Compartirán su vida durante el proyecto o *sprint* y puede ser positiva, sobre algo que necesita mejorar, o ambas cosas.

- Se juega hasta que todo el mundo ha contado una historia.

Aunque al equipo de Sumit le funcionó, a muchos les puede pillar por sorpresa la primera vez. Utilizarlos primero de forma lúdica para romper el hielo hace que todo el equipo se familiarice con la mecánica de los dados y la narración de historias. Más tarde, pueden centrarse en las historias del proyecto cuando las utilicen en una retrospectiva.

Algunos ejercicios para romper el hielo con dados podrían ser:

- Tira los dados y elige uno para compartir alguna anécdota de tu infancia. Esto permite que los equipos se familiaricen con las metáforas visuales y las historias, así como que se conozcan entre sí.

- En grupos de tres, lanzad tres dados y cada persona contará una parte de una historia basada en la imagen. La persona uno contará el principio, la persona dos continuará y la persona tres la terminará. El reto consiste en relacionar la imagen con la historia general. Esto también se realiza utilizando el enfoque "sí, y". Fomenta la escucha y la creatividad y permite crear historias divertidas sin miedo.

- Todo el equipo cuenta una historia con un dado por persona. Tienes que dividir el grupo en tres secciones, de modo que la sección Uno cuente el principio; la sección Dos, el medio; y la sección Tres, el final. En este caso, estás creando una historia colectiva con un grupo de narración muy diverso. Este ejercicio es básicamente el ejercicio de improvisación mencionado anteriormente, pero utilizando la aleatoriedad de los dados para hacerlo aún más desafiante (y divertido).

Se trata de un ejercicio combinado que desarrolla la creatividad, el relato, la empatía, la colaboración y habilidades de comunicación visual. Si tuvieras que utilizar una sola actividad práctica de este libro, debería ser esta.

PROVOCACIÓN

La provocación es una técnica muy bien documentada por Edward de Bono con diversas variaciones. Mi favorita es tomar una afirmación regular y verdadera y transformarla en algo radical, exagerado, invertido o imposible. Por ejemplo, una afirmación normal es "las empresas tienen personal". La provocación es "una empresa sin personal". (Lo sé, hay varios tipos, es solo un ejemplo).

Anouk Suñer-Rabaud, en el material del curso de Pensamiento Creativo de la Universidad Oberta de Cataluña, sugiere otros ejemplos: "Los patines se golpean contra el suelo", "El alumnado enseña al profesor". A partir de estos enunciados hay que generar ideas que hagan cierta la afirmación. ¿Qué podemos crear o hacer para que ese enunciado sea verdadero? Siguiendo el ejemplo de "una empresa sin personal", podríamos decir: "una empresa que contrata personas autónomas (*freelancers*)".

En lugar de tener que generar cientos de ideas para quitar de en medio las más obvias, estas provocaciones abren caminos más originales, acortando un poco el proceso.

Puedes utilizar esta técnica para tu pensamiento individual, pero puede introducirse justo antes de cualquier sesión de ideación para poner a la gente en modo disruptivo. Es un buen calentamiento para sacar a las personas de su forma de pensar habitual.

BRAINWRITING

Supongamos que conoces la esencia del *brainstorming* (es decir, un grupo de personas que verbalizan ideas mientras alguien toma notas, y sí, se espera que suspendas el juicio). La técnica se atribuye a Alex Osborn. Este formato tiende a favorecer a los más habladores durante la fase de generación de ideas. Además, cuando llega el momento de votar, si se hace a la vista, puede haber cierta presión para votar por la idea de la persona de más autoridad o de las voces dominantes. Para ahorrarse la molestia y hacer que todo el mundo se comprometa y contribuya, se puede organizar en su lugar una rápida sesión de *brainwriting* (los detalles se encuentran al final del libro):

- El grupo de participantes debe estar equipado con notas adhesivas y rotuladores permanentes negros y gruesos.

- Indica que deben escribir una idea por nota adhesiva y en mayúsculas.

- Pon el cronómetro en marcha (de tres a cinco minutos), prepara a todo el mundo y empieza.

- Deben recoger sus notas adhesivas cuando se acaba el tiempo y colocarlas en la pared.

- Ahora les das tiempo a organizar, quitar los duplicados y categorizar.

- Finalmente, les das unos gomets (puntos adhesivos) para que voten por sus ideas favoritas. Para grupos de tres a seis personas, tres gomets por persona serían suficientes. Quizá de cuatro a cinco si son grupos de ocho a diez personas.

Todo puede hacerse en silencio.

Esta técnica iguala la participación. Se obtienen muchas ideas en muy poco tiempo y no se pierde tiempo discutiendo sobre puntos sin sentido. También se obtiene una evaluación o selección aproximada de las ideas. Hay técnicas más sofisticadas para evaluar las ideas, como una matriz de impacto y viabilidad (o más bien de rentabilidad y costes en el mundo empresarial) pero, según el contexto, se obtiene un primer conjunto rápido de ideas prometedoras.

Ahora bien, esta técnica funciona en cualquier nivel de la jerarquía. Sé que es un proceso rápido y que algunas ideas o conceptos podrían beneficiarse de un poco más de debate. Tus participantes pueden necesitar ese tiempo, así que puedes considerar la posibilidad de planificar tu sesión con un poco de tiempo libre para que se produzca ese debate espontáneo. Otra posibilidad es que, al igual que se votaron las ideas preferidas, se deje que la gente vote las ideas que les gustaría discutir más a fondo y se les dé tiempo para hacerlo.

SCAMPER

Cuando realizas una sesión rápida de *brainwriting* o tormenta de ideas, primero vas a por la presa más fácil. Como hay cierta presión de tiempo, sugieres las primeras cosas que se te ocurren. Invariablemente, suelen ser las ideas más obvias. Cuanto más escarbas, más variedad encuentras. Por eso, la originalidad es un juego de números: cuantas más ideas, más probabilidades de pensamiento original.

SCAMPER es un acrónimo creado por Bob Eberle que resume ciertas acciones utilizadas en la técnica: sustituir, combinar, adaptar, modificar, proponer otro uso, eliminar, invertir.

Esta técnica parte de un producto o idea y lo explora sistemáticamente al repasar cada acción con varias preguntas, lo que permite llegar a varias respuestas. Por ejemplo, si empezamos con una sartén:

- **Sustituir**. ¿Qué puedo sustituir? El mango, el lado donde se fríe, el tornillo que los mantiene unidos. ¿Con qué lo sustituyo? El mango, con una pinza (algo para sujetarlo), el lado de freír, con una tapa metálica.

- **Combinar**. ¿Con qué puedo combinarlo? Tal vez una estufa adjunta o un dispensador de aceite.

- **Adaptar**. ¿Cómo puedo adaptarlo? Con un asa vertical para cocinas muy pequeñas.

- **Modificar**. ¿Qué puedo modificar o ampliar? Cambiar la forma para hacer huevos fritos en forma de estrella o para hacerla extensible.

- **Ponle otro uso**. Úsalo para añadir algo de peso encima de un sándwich que esté en otra sartén.

- **Eliminar**. ¿Qué puedes eliminar? El mango. Mientras te asegures de que el exterior siempre se mantenga frío, se puede recoger con la mano.

- **Invertir**. ¿Qué puedes invertir o reordenar? La primera idea podría ser utilizar el mango para calentar cosas. Es decir, hacer un mango que pueda contener líquido y sea resistente al fuego para poder calentarlo.

Con este enfoque sistemático, estamos generando ideas bajo demanda (creatividad deliberada), independientemente de nuestra propia percepción de habilidad creativa. Se trata de un ejercicio de confianza creativa y de un buen entrenamiento. Pero si partimos de una ronda de provocación inicial, la gente puede soltarse un poco y volverse más arriesgada en sus propuestas. Por supuesto, al ser una herramienta, no es obligatorio utilizar todos los verbos (todos los pasos descritos por el acrónimo), pero un poco de práctica completa puede ser útil al principio.

Esta técnica se adapta tanto a lo individual como a lo grupal y se combina muy bien con la provocación.

UNA TÍPICA SESIÓN DE IDEACIÓN

Para resumirlo, una típica sesión de ideación podría ser así:

1) **Calentamiento creativo**. "Sí, y" (de quince a veinte minutos).

2) **Ideación**. Empieza con la provocación y luego sigue con una de estas:

   a. *Brainwriting.*

   b. Tres o cuatro acciones de SCAMPER (elige los verbos más adecuados al problema).

3) **Evaluación**. Evaluar la originalidad y la viabilidad (de quince a veinte minutos).

CREATIVIDAD COLECTIVA A DISTANCIA

Con el aumento del trabajo a distancia, la creatividad distribuida ha llegado para quedarse. Hay muchas posibilidades de colaboración en línea utilizando herramientas visuales para distintos fines (diseño, ideación, proyectos ágiles, comunicación). Una de estas herramientas funciona como una pizarra virtual que permite a los usuarios editar simultáneamente y da cierto control a la persona que facilita el proceso. La gente puede dibujar, añadir notas adhesivas, incluir presentaciones, pegar páginas web y votar ideas.

Aunque puedes utilizar la mayoría de las técnicas anteriores en un entorno a distancia, hay algunas cosas que difieren de las sesiones en persona, y tienes que tenerlas en cuenta:

- Lo más importante es **empezar con algo pequeño** para ganar experiencia y solo entonces aumentar el tamaño del equipo, la duración de la sesión o la complejidad de las tareas.

- **Prepárate a fondo.**

  - Asegúrate de que dispones de tiempo para que las personas que participan **se familiaricen con la plataforma** (piensa en veinte o treinta minutos para gente nueva).

– Planifica tiempo extra para todo.

– **Crea áreas de colaboración para diferentes tareas** durante las sesiones e incluye un resumen de instrucciones a la vista.

- **Establece reglas y expectativas claras.** Todo el mundo debe tener **más paciencia**; se necesitará más tiempo para todo, para comunicarse por turnos y para recibir ayuda.

¿Cuándo querrías realizar una sesión de este tipo? Cuando se necesita reunir rápidamente a los miembros de un equipo distribuido para que propongan y acuerden una línea de acción. Hay más aceptación cuando la gente participa en la toma de decisiones. Si se busca una solución rápida, organizar una sesión a distancia puede ser la forma más práctica, y una sesión creativa colaborativa puede amplificar la creatividad de los individuos.

RESUMEN

Este ha sido un capítulo muy práctico en el que has leído técnicas sencillas para suscitar la creatividad en los equipos: la improvisación, los dados de historias, la provocación, la *brainwriting* y el SCAMPER.

La estructura de la sesión es sencilla y combina todas las técnicas para que puedas empezar.

También has podido leer sobre las sesiones de equipo a distancia, que pueden tener una estructura similar, pero es necesario prepararse bien y asignar más tiempo a cada tarea.

DESAFÍOS

Este capítulo te ha dado lo suficiente para crear tu propia sesión, pero espero que no tanto para que sea abrumador. Antes de lanzarte de lleno, tal vez quieras empezar por pasos más pequeños:

- Prueba las técnicas por tu cuenta para tener una idea de la mecánica.

- Pruébalos con otras tres personas en sesiones separadas para cogerle el tranquillo a la facilitación de cada técnica. Después, hasta seis. Está bien probar con tus amistades y familia también. Me parece que seis es un número adecuado antes de necesitar una segunda persona, pero eso depende de ti, de las tareas y de quienes participen.

- Practica algunas de las técnicas a distancia en una pizarra virtual.

- Practícalas con dos o tres personas.

- Organiza una sesión de *brainwriting* a distancia con hasta seis personas. Puedes encontrar un tutorial rápido aquí: https://youtu.be/PKYlRLiCS7w.

LOS PRINCIPIOS

000 00~ 0~~0 0 0~0 0~~0 ~~~ ~00 0 0~0 0 000

CAPÍTULO 8
EL JUEGO ES EL INGREDIENTE SECRETO

*Parte de cultivar una cultura creativa próspera es dar
a la gente tiempo y permiso para jugar.*
—TIM BROWN

DESBLOQUEO DE UNA CAMPEONA

Empecé a practicar karate cuando tenía once años. No era Jackie Chan. Tenía una coordinación decente, pero hasta ahí llegaba mi talento innato para este deporte.

Con el tiempo, llegó el momento de hacer el examen para obtener el cinturón negro y tenía que participar en una competición de *kumite* (combate). El problema es que yo soy más del tipo de persona que huye que de la que pelea. Me costaba mucho entrar en la mentalidad de combate necesaria, pero disfrutaba de la competición. Teníamos un club fantástico para desarrollar mis habilidades (y amistades para toda la vida) con un gran ambiente y deportistas de alto nivel. Así que seguí compitiendo dos veces al año, en los campeonatos regionales, durante unos años. Dos veces al año significaba que si perdías la primera ronda, eso era todo; habías acabado hasta la siguiente competición. Ya ves que te jugabas mucho.

Como no tengo una mentalidad de combate, en una competición en particular me encontré extremadamente ansiosa. Estaba tan mal y sentía las piernas tan rígidas y pesadas que apenas podía caminar. Necesité un masaje para aflojarlas y poder salir al tatami.

Durante años intenté que mi mente adquiriera la mentalidad de combate. Lo intenté con el diálogo interno y la visualización, así como con el aumento de mi confianza a través de un entrenamiento dedicado. Mejoré, pero seguía siendo un gran esfuerzo.

Más tarde, me trasladé a Escocia para estudiar y tuve la oportunidad de unirme a un club universitario de karate. La mayoría eran principiantes, y el entrenador animaba a todos a disfrutar de la experiencia competitiva.

Empecé a participar en la liga de universidades escocesas y en los campeonatos de universidades escocesas y británicas. Más tarde, añadimos a nuestra agenda otras dos competiciones regulares; eso multiplicó nuestras oportunidades de competir. En estos eventos, podía participar en tres categorías de combate. De repente, tenía muchas más oportunidades de combatir en una temporada, por lo que me jugaba mucho menos en cada una. A nadie parecía importarle demasiado si perdía o ganaba un combate en particular porque habría muchos otros. La mayor parte de mi ansiedad se evaporó.

Sin embargo, aún no había llegado a donde quería. Todavía estaba tratando de conseguir la mentalidad adecuada para la alta competición. Sin saber cómo, un día, tuve una idea:

¿Y si en lugar de *'pelear'*, intentaba *'jugar'*?

Dejando de lado los tecnicismos, el combate es una especie de juego de pilla-pilla. Tienes que tocar a tu contrincante primero y evitar que te toque. Así, se convierte en un juego de velocidad y tácticas.

Transformé una seria competición de combate en una sesión de juego. Fue el cambio mental que necesitaba para competir y rendir al máximo. Me dio la ventaja que me faltaba y perdí el miedo a mi oponente sin que me importasen sus logros anteriores. Aunque estuviera frente a campeonas del mundo, para mí era un juego de pilla-pilla, y lo jugaba. Así que se me presentó la oportunidad de participar en los campeonatos británicos (fuera del circuito universitario), y me fui a jugar.

Ganamos la categoría *senior* por equipos y yo gané la categoría de veteranos en mi peso. Unos veinte años después de empezar a competir en *kumite* (combate), me convertí en campeona británica de karate. ¿Qué tal como éxito lento? Lo atribuyo a la adopción de una mentalidad de juego.

Mi experiencia personal es que el juego hace que tu mente entre en un modo de funcionamiento diferente, reduce la ansiedad y mejora el rendimiento.

JUEGO LÚDICO

Utilizo la palabra "juego" de forma imprecisa. Lo veo como algo divertido que se hace individual o colectivamente y por el placer de hacerlo.

Si te gustan las definiciones más formales, aquí tienes una de las primeras de Huizinga (1938):

> "[El juego es] una actividad libre que se sitúa conscientemente fuera de la vida 'ordinaria' por ser 'no seria', pero que al mismo tiempo absorbe a quien juega intensa y totalmente. Es una actividad que no

está relacionada con ningún interés material y que no permite obtener ningún beneficio".

Lo que la mayoría de las definiciones académicas parecen tener en común es que el juego es voluntario, placentero, atractivo y tiene un resultado irrelevante (Pino, 2007). Eso significa que la persona se zambulle en él y no busca más que la diversión.

Como ventaja adicional, el juego proporciona un contexto en el que puedes probar y practicar nuevas habilidades sin las peligrosas consecuencias del fracaso. Si fallas en una situación de juego, simplemente lo intentas de nuevo. No hay daño alguno.

Sin embargo, estoy utilizando el juego como un término general que incluye el carácter lúdico, que es "un estado de ánimo positivo particular que puede (o no) manifestarse en un comportamiento observable" (Bateson y Martin, 2013). No todo el juego es lúdico (como algunas competiciones deportivas de alto nivel) y no todo el comportamiento lúdico implica juego. Bateson y Martin acuñaron el término "juego lúdico" para describir el juego que también es lúdico. En este libro, el juego se refiere al juego lúdico.

CREATIVIDAD Y JUEGO

A estas alturas te estarás preguntando: ¿Qué tiene *que ver el juego con la creatividad?* Una explicación rápida es que crear es una forma de jugar, al mismo tiempo que el juego fomenta la creatividad de muchas maneras.

Una explicación un poco más amplia viene de José Ochoa, experto en innovación. Lleva muchos sombreros (doctor en lingüística, director de proyectos, formador, facilitador, autor), pero lo entrevisté para extraer de él todo el jugo de gamificación y creatividad que fuera posible. Compartió historias, herramientas y el siguiente modelo de creatividad y juego:

Para José Ochoa, un proyecto divertido es aquel que entrelaza creatividad, juego y humor. Pero la diversión tiene mala fama en el ámbito empresarial, así que él prefiere llamarla pasión. "Es lo que te motiva a perseguirlo". Para él, **la creatividad es una actitud.** Requiere ser curioso y establecer conexiones, y tiene una némesis llamada perfeccionismo y utilidad inmediata. La creatividad lleva su tiempo, un largo y lento periodo de incubación que llevará a un rápido crecimiento y desarrollo posterior.

El humor requiere que te hagas preguntas y tengas un pensamiento crítico (también autocrítica). Es una herramienta para romper el hielo, liberar tensión y hacer que las lecciones sean más memorables, pero debe utilizarse con cuidado, evitando el sarcasmo. Hay que ser creativo para hacer aportaciones humorísticas, y el humor crea un ambiente lúdico.

Por otro lado, entiende el **juego** como un esfuerzo colectivo (de tres personas como mínimo) que aporta aprendizaje social. Por supuesto, se necesita un reto y un cierto número de reglas, todo ello aderezado con una metáfora interesante. Puede que notes una ligera diferencia en la definición de juego que utilizo. Esto se debe a que José tiene un sesgo hacia los "juegos", que son una forma lúdica que también tiene cabida aquí.

José ha diseñado más de una docena de juegos y simulaciones para el ámbito empresarial con el fin de facilitar el aprendizaje de diversas habilidades empresariales, como el pensamiento estratégico, la gestión de recursos o el liderazgo. Ha enseñado la gestión de riesgos utilizando una metáfora de juego basada en el Titanic, y la resolución de conflictos con una metáfora basada en las tribus de las Tierras Altas de Escocia (Highlands).

La metáfora es muy relevante para que la gente entre en ella y así pueda tener lugar el aprendizaje. Si te centras demasiado en los casos prácticos, aprendes a resolver el problema de otra persona. Si te centras en el caso de tu propia empresa, la gente tiende a dejarse llevar por los matices y se pierde los principios generales que debería aprender a aplicar más adelante.

Cuando un juego está bien diseñado, la gente llega a implicarse mucho. José recuerda un caso de una empresa en la que dirigía una simulación del Apolo XIII (creada por una empresa holandesa) para el desarrollo del liderazgo.

Uno de los participantes era mucho mayor que el resto, cercano a la edad de jubilación, y José se preguntó si se involucraría o no. No pudo leer sus intenciones porque era muy introvertido y no hablaba mucho. El segundo día del taller, se presentó antes que todos en un estado de preocupación.

José preguntó: "¿Cómo estás?".

El participante dijo: "No muy bien".

José estaba preocupado: "¿Qué ha pasado?".

"Bueno, no he dormido muy bien".

Ahora José estaba preocupado.

El participante continuó: "Me he pasado toda la noche pensando y preocupándome de si vamos a poder salvar a los astronautas".

¿Qué tal esto como implicación?

LA NECESIDAD DEL JUEGO EN EL TRABAJO

Cuando estás estresado, tu cerebro entra en modo de lucha o huida. En ese estado, te centras únicamente en la supervivencia. Si recuerdas el proceso de incubación de ideas creativas, necesitas hacer alguna actividad que no sea demasiado exigente para favorecer la generación de ideas. La supervivencia requiere todo lo que tienes, así que está en el estado opuesto. A lo largo de los años, he llegado a la conclusión de que el juego es el antídoto del estrés y un precursor esencial de la creatividad. Es decir, el juego fomenta la innovación. Pero hay más razones por las que necesitamos más juego, especialmente en el lugar de trabajo.

Durante algunos años, fui payasa terapéutica en un hospital. Iba una vez al mes, todos los meses, durante casi ocho años. Después de algún tiempo, me di cuenta de que mi carácter de payasa se estaba filtrando en mí. Estaba siendo más juguetona, más bromista, mostrando mi cara de payasa -sin la nariz roja- en el trabajo. Era como un personaje fuera del trabajo que se colaba en mí de vez en cuando. Me di cuenta de que los poderes curativos de la sonrisa y el humor son necesarios no solo en los hospitales, sino también en las oficinas.

Charlie Hoehn, autor del libro *Play It Away*, explica cómo se recuperó del agotamiento laboral (*burnout*) a través del juego. En sus escritos, Hoehn hace referencia a las investigaciones del Dr. Peter Grays sobre el juego. Grays señala el declive del juego como la causa de gran parte de la ansiedad y la depresión que vemos en los adultos jóvenes hoy en día. Volver a jugar también puede ser esencial para el bienestar del personal.

A juzgar por sus reacciones ante mis pequeñas acciones lúdicas, me parece que hay mucha gente aprovechando la menor oportunidad para jugar y tomarse las cosas con humor. Creo que el problema del personal poco implicado es una llamada para encontrar alegría en el lugar de trabajo. La gente necesita tiempo para jugar.

La gente también necesita espacios lúdicos. Tina Seelig habla de que se necesita un entorno creativo para fomentar la creatividad. Si todo es gris o neutro, no es muy propicio para la creatividad. Por otro lado, ¿cómo es el aula de un jardín de infancia? Mucho color y material como papel, cartón, plastilina, lápices: todo tipo de cosas para manipular y crear de cualquier manera.

¿Qué pasaría si tuviéramos algo "parecido" al jardín de infancia en un entorno de oficina? Los grandes cambios en las empresas son complejos, pero se puede empezar a experimentar en cómodos plazos. Puedes empezar con una habitación, como hicimos con algún equipo. Puedes poner carteles de identidad de equipo, valores, paredes de pizarra (del suelo al techo), y tener disponibles toneladas de notas adhesivas y rotuladores de colores. ¿No dispones de una sala? Empieza por tu escritorio. Lápices de colores y notas adhesivas, algún pequeño juguete o juego visual a la vista. ¿No tienes un escritorio? Empieza por tu portátil o tu teléfono móvil, utiliza fundas divertidas, imágenes de escritorio o pegatinas.

EL PODER DEL JUEGO

Espero que veas la necesidad de introducir el juego en la oficina para tener personas más felices e innovadoras. Pero el juego también puede ser muy rentable, si se *juega* estratégicamente.

Cuando Adam Matar, experto en bienes raíces y empresario, aceptó un nuevo reto hace diez años, puede ser que hubiera firmado más de lo que podía digerir. Se le pidió que solucionara un enorme problema de operaciones y cultura que costaba millones de dólares a la empresa y alejaba a las nuevas personas empleadas de una organización del sector sanitario de 50.000 millones de dólares. Con la reputación de ser un gran solucionador de problemas, ¿podría tener éxito donde muchos equipos antes que él habían fracasado?

El último equipo en asumir la derrota lo había intentado todo durante años, incluyendo la investigación y los ensayos. La frustración estaba en el aire, y contar con un tipo más para dirigir el proyecto no serviría de nada. Pero Adam no era un tipo más, y su primer paso fue asociarse con el jefe del proyecto para averiguar la raíz del problema.

Resultó que el problema no estaba en las raíces (valga la redundancia), sino en la cima. Los intereses de la empresa eran claros: reducir los costes llevando la cultura y la tecnología de la empresa al siglo XXI. Sin embargo, el equipo directivo de la empresa no tenía ningún incentivo para cambiar el *statu quo*. Los objetivos del equipo no se alineaban con los de la compañía y no había nada en la estructura que los hiciera cambiar por voluntad propia.

Adam y el jefe del equipo anterior pasaron los meses siguientes investigando y hablando con las personas afectadas. Identificaron los obstáculos clave. A continuación, diseñaron y construyeron un juego *ad hoc* para poner de relieve los puntos de decisión clave y la información esencial necesaria para tomar decisiones. Era un juego colaborativo, en el que solo podían ganar si llegaban a un consenso y hacían avanzar las cosas. Cuando las personas responsables entraron, se enfrentaron a un tablero que simulaba las instalaciones de la empresa y fueron guiadas para realizar los cambios necesarios en la distribución del espacio y la función. Después de una hora -es decir, sesenta minutos de juego (sí, *de juego*)- llegaron a un acuerdo y terminaron el juego, que finalmente permitió ahorrar seis millones y medio de dólares en los meses siguientes.

Un juego de una hora equivalió a seis millones y medio de dólares. Probablemente sea el mayor rendimiento por jugar en el trabajo que se haya obtenido nunca. Por supuesto, el cambio no se produjo de la noche a la mañana, ni todo se decidió en esa sesión de juego. Pero le dieron un impulso del 90%.

Hay una tendencia creciente a utilizar lo que se llama "juego serio" para facilitar el pensamiento estratégico. La historia de Adam es un ejemplo de la vida real de cómo algo barato, rápido y humilde, como un juego, puede ser como la varita mágica que desbloquea la motivación para el cambio de un número suficiente de responsables de la toma de decisiones, al mismo tiempo, en solo sesenta minutos. Ese es el poder del juego.

DOSIS MÍNIMA EFECTIVA DE JUEGO

Ahora que ves los numerosos beneficios del juego en el lugar de trabajo, puede que te preguntes cómo abordarlo. Volveremos a utilizar el principio de la dosis mínima efectiva para ganar confianza en pequeños pasos.

En una conversación, Natalie Nixon, conferenciante mundial y autora de *The Creativity Leap*, compartió algunas ideas y actividades lúdicas. En términos generales, estamos de acuerdo en que la ideación y el replanteamiento de los problemas no tiene por qué ser un proceso largo, ya que en el mundo empresarial no se dispone de ese tiempo. La gente puede asistir con una mentalidad poco constructiva si se les obliga a participar en una sesión larga. Pueden estresarse solo con pensar en la pila de trabajo que se acumula mientras pierden el tiempo jugando.

La mayoría de las veces hay que adaptarse a la disponibilidad de las personas. Esto se consigue eligiendo los pasos y las técnicas más esenciales para el proceso y que aportarán el mayor valor para el caso en cuestión. También se invita a las personas esenciales solo durante el tiempo limitado que se necesitan. Sí, es una solución de compromiso, pero a veces es la única manera.

Como facilitadora, Natalie suele ser muy cinestésica, utiliza el espacio y el movimiento, pero cuando se ve obligada a celebrar sesiones virtuales, los parámetros cambian. Puede seguir utilizando el tiempo como restricción y pedir a la gente que se ponga de pie, pero las sesiones tienen que ser un poco más cortas, y las actividades más lúdicas pueden verse reducidas. Sin embargo, un sencillo y divertido rompehielos al principio de una sesión, que lleva quizá tan solo cinco minutos, puede establecer el ambiente de la sesión: desenfadado, abierto, relajado; justo lo que se desea para obtener mejores ideas. Esto es lo que yo llamo la **dosis mínima efectiva de juego**.

Cuando tiene más tiempo, durante las sesiones presenciales, Natalie puede utilizar el juego de cartas *WonderRigor Discovery Deck* que desarrolló para facilitar sus estudios de prospectiva. Hace que los clientes participen en un juego que les hará explorar ideas más interesantes.

Además de ser una técnica utilizada en las sesiones de ideación, para Natalie el juego debe estar presente a diario. Recordó un momento reciente, justo después de una reunión muy intensa de tres horas de vídeo. Tuvo la oportunidad de salir, donde la nieve se había asentado y ya estaba helada. Durante la mayor parte de un paseo de treinta minutos, tuvo que sacar los brazos e intentar mantener el equilibrio sobre el suelo resbaladizo, lo que la hizo sonreír y reírse durante todo el trayecto. Volvió renovada y con energía, lista para trabajar.

Por lo tanto, puede ser tan sencillo como dar un paseo divertido para tener una experiencia lúdica; no es necesario que haya reglas o artículos extravagantes. Pero, incluso si no puedes salir, nada te impide jugar a meter unas bolas de papel en una cesta o hacer malabares con pañuelos o bolsas de plástico (no recomiendo nada que no haya probado). Te llevará solo unos minutos y los beneficios son grandes.

Para las sesiones a distancia, hay algunas cosas que puedes hacer como calentamiento lúdico rápido:

- Todo el mundo tiene que elegir un fondo divertido para la videollamada (un minuto). Muy sencillo de implementar.

- Todo el mundo dibuja un emoticono (solo la cara) con la expresión que representa su estado emocional actual y lo muestran a la cámara (un minuto). Esto tiene varios efectos. Hace que la gente dibuje, reclutando así otras partes de su cerebro, y hace que se den cuenta de su estado emocional. Lo comparten con los demás y, la mayoría de las veces, se producen algunas risas.

- Todo el mundo representa de forma exagerada el emoticono que refleja su estado emocional actual (diez segundos). Los efectos son similares a los del ejercicio anterior.

Como puedes ver, una vez que entras en la mentalidad lúdica, puedes diseñar actividades que solo te llevarán unos segundos. Pero tener esos momentos lúdicos salpicados a lo largo del día puede suponer una gran diferencia.

RESUMEN

Cuando te encuentras ante un reto, puedes pensar en él en términos de juego. A veces eso desbloquea la situación; otras veces, puede hacerla más agradable.

El juego crea un entorno seguro y divertido para asumir riesgos. Como consecuencia, puede producirse el aprendizaje y la innovación.

Como responsable, puedes crear un entorno lúdico para que el equipo experimente.

La dosis mínima efectiva de juego puede durar tan solo unos segundos para preparar el escenario y la actitud adecuada antes de una reunión o sesión de ideación.

DESAFÍOS

Si te has convencido de la importancia del juego, ha llegado el momento de cumplir lo que dices:

- Reflexiona sobre los tipos de juegos a los que jugabas en tu infancia frente a los de persona adulta y cómo te sentías.

- Encuentra un grupo de infantes con los que jugar una tarde.

- Juega a juegos de mesa con tus amistades.

- Vete a saltar en un trampolín (o a saltar a la cuerda si no puedes hacerlo). De alguna manera, mi experiencia personal es que saltar nos conecta directamente con el niño o niña interior y eleva nuestra energía de forma positiva, preparándonos para la ideación.

CAPÍTULO 9
ENCONTRAR LAS RENDIJAS

Es posible que hayas visto pequeñas plantas que crecen en las aceras de hormigón y te hayas preguntado si tienen el poder de romperlo. No es así. Aprovechan las rendijas microscópicas.

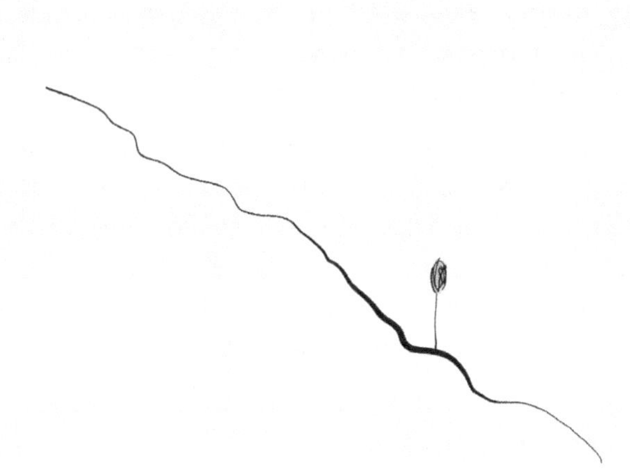

El crecimiento de nuevas células tiene lugar en las puntas de las raíces de las plantas. A medida que el sistema radicular crece y se desarrolla, estas puntas actúan como palpadores, buscando el camino de menor resistencia para la expansión.

Estas pequeñas puntas de raíz pueden detectar fisuras microscópicas en la superficie del hormigón y, una vez que encuentran una, la raíz empuja hacia la pequeña rendija. Eventualmente, molécula a molécula, el crecimiento de la planta puede forzar su camino en la losa y crear una grieta en la superficie. —Lift Right Concrete LLC

Si alguna vez has trabajado en o con una organización tradicional, puede que hayas sentido que sus reglas, "porqués" y "cómos" parecen hechos de hormigón, o gruesos muros de piedra. Parecen imposibles de atravesar. Pero si miras con atención, puedes descubrir que hay algunas pequeñas rendijas. Si esperas y observas, puede que veas que la luz las atraviesa.

Ya has leído cómo encontré pequeños espacios para emprender pequeños proyectos creativos. No añadí tiempo en mi agenda, sino que encontré oportunidades para crear dentro de las horas que ya tenía. Esas son rendijas de tiempo. Y hay otros tipos.

Si necesitas dinero para herramientas o actividades y no lo consigues, quizá encuentres una solución para las herramientas o el presupuesto (reduciéndolo, encontrando dinero por otros medios): las rendijas de *los costes*. A veces, se trata de encontrar a las personas influyentes que creen en lo que tú crees: las rendijas del *poder*.

En este capítulo, conocerás diferentes formas de encontrar estos y otros tipos de rendijas. En tu contexto, ¿dónde puedes encontrar esa pequeña ventana de oportunidad para probar tu idea?

COMPARTE TUS IDEAS

Cada vez que se te ocurre una idea, parece útil compartirla con las personas que podrían ponerla en práctica o hacerla avanzar.

Hace años, cuando estaba en el equipo de Innovación, investigué el tema del trabajo a distancia y envié a mi jefe una pequeña propuesta para realizar un piloto en nuestra empresa. No tuve noticias suyas. No me importó, porque yo seguí planteando el tema en cada oportunidad que se me presentaba, desde la representación de la plantilla hasta mi antiguo jefe en otro departamento, pasando por mis colegas.

Lo mismo ocurría con las ideas para los hackatones o la universidad corporativa. Las presentaba a responsables de innovación, recursos humanos y a quien quisiera escucharme. Ahora me doy cuenta de que puedo ser un verdadero incordio, imponiendo ideas a personas que no las han pedido. Es un rasgo de personalidad que viene directamente de mi ADN. Si estás leyendo esto, puede que compartas algunos aspectos de este rasgo.

Compartía esas ideas con personas relevantes, plantaba la misma semilla en diferentes lugares y esperaba. Al cabo de un tiempo, había otras voces alrededor, o la energía de la idea flotaba en el ambiente. Se había creado una masa crítica. Con el tiempo, la idea florecía. De alguna manera, entre cinco y siete años después, teníamos un espacio corporativo de *e-learning* y un programa de trabajo a distancia. Este plazo fue compartido por algunos consultores entrevistados.

Siendo personas prácticas, es posible que quieras pararte a pensar antes. ¿Qué áreas de tu entorno necesitan atención o mejora? O, como sugirió Adam Malofsky en un capítulo anterior, averigua cómo puedes ser útil a quienes te rodean. Tienes más probabilidades de éxito si tus ideas son deseadas o necesarias, para empezar.

El siguiente paso podría ser hablar con esa persona. Es conveniente comprobar que lo que creías que era un problema es realmente un problema o una necesidad. A continuación, podrías sugerir alguna cosa que se podría hacer, sin darle mucha importancia. Eso es plantar la semilla. Pueden reaccionar de tres maneras diferentes:

- Descartan la idea por completo. Entonces, vas y tratas de compartirla con otra persona (es decir, plantas otra semilla en un terreno más adecuado), o encuentras otro problema o conjunto de ideas para compartir.

- Piensan que es genial, pero no es una prioridad. Parece que no están avanzando. Podrías esperar un tiempo para comprobar cómo evoluciona la cosa. Esto es regar. Si, pasado un tiempo, lo que era opcional se convierte en algo esencial, será el momento de volver a impulsar la idea.

- Les encantó la idea y la están llevando adelante. Uy, trabajo realizado, la planta crece.

Solo hay que plantar las semillas y regarlas.

TEN PACIENCIA

Lisa Snyder es la responsable de veinticinco desarrolladores en una empresa tecnológica tradicional de tamaño medio y, antes de eso, fue profesora de gestión de proyectos para estudiantes de ingeniería de *software*. Fue durante su participación en un hackaton organizado por Microsoft cuando conoció Agile.

Simplificando bastante, Agile es una metodología de desarrollo de *software* centrada en la entrega de *software* que funciona y se mejora a través de iteraciones y manteniendo la documentación al mínimo. Se escucha el *feedback* de las personas usuarias para decidir las siguientes funcionalidades a construir.

Siendo una friki de la metodología y una profesora dedicada, Lisa no perdió tiempo para sumergirse en el tema y empezar a utilizar Agile para gestionar sus propios proyectos. Pronto se encontró en un nuevo trabajo como desarrolladora de *software senior*, con otro experto en Agile como compañero de equipo y un jefe innovador, dispuesto a probar cosas nuevas. Juntos, se propusieron gestionar su trabajo con un marco ágil adaptado a sus tareas: pruebas de concepto, pilotos, demos y piezas de código para reutilizar en otras áreas.

Gestionaban sus proyectos con herramientas gratuitas (y limitadas). Era el enfoque de bajo coste y sin permiso, y funcionaba. Tenían un motor de innovación que proporcionaba constantemente valor: piezas de códigos que otros equipos podían utilizar como recurso o pruebas de concepto para garantizar la viabilidad de las soluciones técnicas.

Mientras tanto, la gente externa al equipo pensaba que su trabajo no tenía sentido; algo diferente a lo verdaderamente importante.

Curiosamente, seis meses después se les asignó un nuevo e importante proyecto como analistas y jefes de equipo. La complejidad del proyecto aumentó y los requisitos de las herramientas de gestión también. Pidieron una herramienta de gestión de proyectos mejor, que les fue denegada.

Encontraron una solución utilizando un amigo de confianza en el mundo corporativo: las hojas de cálculo. Sin embargo, la solución distaba mucho de ser perfecta, y necesitaban más capacidad para manejar el creciente número de sistemas, proyectos y personas involucradas. Así que buscaron una solución de *estrangis* (extraoficial). Su colega instaló otro potente *software* de gestión en su propio servidor personal, solo porque podía, y lo utilizaron. Fuera de los sistemas de la empresa podían operar con rapidez y libertad. Todo se mantenía privado y seguro.

Su proyecto iba bien. El equipo entregaba todos los hitos a tiempo, lo que despertó cierto interés: ¿Qué están haciendo en este equipo? ¿Por qué funciona tan bien?

Se trataba de varias cosas. El equipo implicado había sido elegido entre los mejores. Había apoyo de la dirección ejecutiva y alineación con el enfoque. Había suficiente autonomía para que las cosas funcionaran sin demasiadas dependencias externas. Además, estaba la metodología centrada en la entrega de valor en cortos periodos de tiempo. Así que, cuando tuvieron éxito, el equipo y su forma de trabajar fueron el centro de atención. ¿Qué es eso de Agile?

Llamaban a todos los miembros para que explicaran lo que hacían y cómo lo hacían, y la gente podía ver la eficacia con la que trabajaban y lo implicados que estaban sus equipos.

Cinco años después de que Lisa se incorporara a la empresa llena de espíritu ágil, la compañía decidió cambiar las herramientas y la filosofía de desarrollo de acuerdo con el manifiesto ágil. Tardó un tiempo, pero ocurrió.

Ten paciencia. Sigue plantando.

CAMBIA DE RUMBO

A veces, a todos los miembros de una organización les gustaría innovar y tienen la imaginación y las agallas necesarias para hacerlo. Por desgracia, la junta directiva, los clientes, los organismos reguladores o el calendario pueden obligar a mantener el *statu quo*. Puede ser frustrante para todas las partes implicadas.

Normalmente, las restricciones que se imponen son en algunos aspectos concretos, es decir, la creación de un determinado tipo de producto o servicio, los procesos que utiliza o el mercado. Por ejemplo, quieres crear un nuevo producto pero estás perdiendo clientes cada día por culpa de un mal servicio. La clientela te está indicando el camino a seguir con letreros de neón. Eso significa que si no puedes innovar en un aspecto, podrías hacerlo en otro.

Otra posibilidad es examinar los servicios internos e innovar en ellos (por ejemplo, mejorar la colaboración interdepartamental, la experiencia de la plantilla, diseñar una organización óptima, pasar a la tecnología digital, al teletrabajo o a la deslocalización, etc.).

En cualquier caso, el objetivo es encontrar un nicho en el que se pueda operar y transformar sin permiso o en el que se puedan realizar microexperimentos. Así podrías reunir suficientes pruebas de éxito que permitan obtener la aprobación para el siguiente experimento de bajo riesgo. Este es el enfoque sugerido en el libro *Lean Change Management,* de Jason Little.

En este caso, la rendija sobre la que construir es la oportunidad de algo necesario y permitido: la rendija de *la utilidad.*

BEBE CAFÉ CREATIVO

Cuando empecé a dirigir un equipo de experiencia de usuario, tuve que aprender las habilidades para la experiencia de usuario (UX). Cuando conocí el concepto de *Design Thinking*, me di cuenta de que lo habíamos estado practicando todo el tiempo en el equipo de UX. Pensé que era de gran valor para los equipos técnicos que desarrollan nuevos productos. Al querer compartirlo con ellos, se me ocurrieron algunas preguntas: "¿Cómo puedo hacer que esto sea más fácil de aprender? ¿Cómo puedo hacerlo más digerible en la empresa en la que estoy?".

Empecé a experimentar.

Cofacilité un taller experimental de *Design Thinking* con un colega -experto en un campo técnico- para encontrar aplicaciones de esa tecnología en la empresa.

Observamos que la gente se movía dentro del ámbito realista, sin ideas locas. Esto demuestra que un proceso creativo no garantiza un resultado disruptivo. Si no tienes los músculos creativos en buena forma, no conseguirás tanta disrupción como de otro modo.

La gente tenía que estar en forma creativa para ampliar su pensamiento y garantizar un mejor resultado la próxima vez que se necesitara. Ese fue un momento eureka y el origen del "café creativo", un conjunto de mini sesiones creativas semanales, destinadas a tomar muy poco tiempo y producir muchos beneficios (los detalles están al final del libro). En estas sesiones, realizábamos diferentes juegos y actividades divertidas y volvíamos al trabajo con energía.

Las actividades se seleccionaron inicialmente a partir de herramientas y juegos lúdicos que los equipos ágiles utilizaban para sus retrospectivas (para reflexionar sobre su último proyecto o *sprint*). A continuación, destilé las habilidades más relevantes para el *Design Thinking*: la creatividad (o el pensamiento divergente), la empatía, la colaboración, el relato (*storytelling*) y la capacidad de comunicación visual.

A partir de la intersección de ambos, preparé una serie de sesiones facilitadas para grupos de entre seis y ocho personas. En ellas se realizaban actividades como el relato de historias con dados, juegos de mesa visuales, percusión corporal, dibujo e improvisación cómica. (¿Te suena?).

Las sesiones duraban quince minutos a primera hora de la mañana, durante la pausa del café. También se pueden llevar a cabo a primera hora de la tarde. En estas franjas horarias la gente puede ser menos productiva: todavía tiene sueño o está en un bajón de energía. Las personas participantes reciben un chute de energía para despertar sus cerebros. Se ríen juntas y los juegos se seleccionan para trabajar al menos dos de las habilidades de *Design Thinking*, para maximizar el desarrollo.

Curiosamente, el principal efecto secundario es que la gente crea vínculos. Disfrutan del tiempo y se liberan del estrés gracias a las risas que se producen. También se sienten bien, positivas, activan sus cerebros, y eso las vuelve más productivas durante las horas siguientes. Justo lo que se espera del café y más.

Los efectos secundarios (colaboración, implicación, productividad) me parecieron tan llamativos que compartí el material con el equipo de Recursos Humanos para que pudiera utilizarlo.

Lo ideal sería mantenerlo durante todo el año, como un programa de *fitness* creativo, para aumentar la fluidez y la originalidad de las ideas. Por otro lado, puedes probar una sola sesión cuando más lo necesites.

El café creativo aprovecha una pequeña rendija de tiempo, y la devuelve multiplicada inmediatamente en productividad, y a largo plazo en implicación e innovación.

VUELA POR DEBAJO DEL RADAR

Cuando la carga de trabajo es grande y hay mucho en juego, la mayoría de las personas directivas quieren que el personal se centre en su trabajo. Es natural. Ver a la gente jugar o reírse parece una distracción y puede poner a la empresa en peligro. Lo entiendo. Nadie quiere perder su trabajo.

Uno de los puntos clave de este libro es explicar por qué jugar y reír juntos hace que la empresa sea más fuerte y la plantilla más productiva a largo plazo. Pero mientras tanto, si tu responsable no es consciente de las ventajas, quizá prefieras hacer pequeños experimentos sin riesgo para probarlo por tu cuenta y volver con datos. En cualquier caso, lo que haces en tu tiempo libre -como un café creativo- no le cuesta dinero a la empresa.

Pero esto no es lo único que puedes hacer durante tus descansos. Hace unos años recluté a otras dos personas para crear nuestro propio club de Toastmasters. No lo hicimos oficial, pero teníamos interés en desarrollar nuestras habilidades para hablar en público, y me topé con el plan de estudios de Toastmasters de diez sesiones. Nos reuníamos en salas de reuniones vacías durante la pausa del almuerzo con un bocadillo, en nuestras "Sesiones Rompehielos" clandestinas, para compartir nuestras presentaciones y darnos retroalimentación. Hicimos siete de estas sesiones y aprendimos mucho, y descubrí a dos personas con mucho talento para la oratoria.

Por último, más recientemente, he iniciado otro experimento: "Sesiones de Desarrollo de Habilidades de Pensamiento de Diseño Gamificado", por supuesto, como parece ser un tema recurrente, a la hora del almuerzo.

Nos reunimos entre seis y ocho personas para jugar a juegos de mesa más largos (treinta o cuarenta minutos de juego). Nos llevaban más tiempo que las actividades de café creativo. Jugamos a juegos como *Dixit*, *Ikonikus* y *Muse* (una variante de *Dixit*) que desarrollan la empatía y la comunicación visual.

Como dije antes, a veces puede ser difícil vender el valor de estas actividades, o viendo el valor, pueden no ser una prioridad para las personas responsables del equipo. La buena noticia es que requieren poco tiempo, y si tú y un grupo de personas creéis en ello, podéis sacar el tiempo de los descansos y encontrar la pequeña rendija en el calendario para plantar una semilla de juego.

BUSCA UNA TRIBU

Después de haber hecho pequeños experimentos y de ajustarlos hasta que sean efectivos para tus propósitos, puedes sentir que quieres más. Tienes que empezar a buscar aliados. Necesitas personas afines que estén en sintonía con tus ideas y planteamientos. Ve por ahí y habla con la gente, y pronto empezarás a notar quiénes creen en lo que tú crees.

He tenido la suerte de contar con personas cercanas que se reunieron conmigo durante las pausas para el café, o a la hora del almuerzo, y se unieron a diferentes iniciativas lúdicas antes de saber a qué se apuntaban. También he reunido a un grupo más específico, líderes de equipos ágiles, en un chat virtual *offline* para compartir y aprender herramientas y técnicas de los demás sin prisas.

En ese contexto, compartí el uso de herramientas de Gestión 3.0, como los *Moving Motivators* creados por Jurgen Appelo. Se trata de un conjunto de diez tarjetas que representan diez motivadores intrínsecos o valores diferentes (es decir, estatus, libertad, dominio, curiosidad, etc.).

Se pueden utilizar en sesiones individuales (detalles al final del libro). La persona que participa tiene que organizarlas horizontalmente por prioridad de izquierda a derecha. De este modo, se descubre lo que más le importa. Luego puedes pedirle que los coloque por encima de la línea horizontal para el estado positivo, o por debajo para el negativo. Como líder del equipo, si ves algo por debajo de la línea base en los tres o cinco puntos más importantes, sabes que hay que hacer algo. Puedes ayudar a la persona a elaborar un plan de acción para mejorar los puntos clave.

Puede que observes que los *Moving Motivators* son una herramienta de gestión de equipos y parece tener poco que ver con la creatividad o el juego. Puede que tengas razón. Sin embargo, tengo algunas razones para utilizarlos.

En primer lugar, son objetos tangibles y coloridos que aportan un poco de ambiente lúdico a una reunión. Pero, sobre todo, las personas felices son más creativas. Tienes que saber qué es lo que hace que tu equipo sea feliz y esté motivado, algo en lo que las tarjetas pueden ayudar mucho. Además, ver que realmente te preocupas por ellas individualmente ayuda a establecer una relación y a crear un entorno seguro para aportar ideas.

Otras herramientas que hemos compartido en el pasado fueron una iniciación a la comunicación visual, sesiones de cohesión de equipos y herramientas lúdicas. La última habilidad compartida ha sido cómo trasladar todo al mundo remoto mediante adaptaciones en pizarra virtuales. Algunos miembros de la tribu han explorado otras herramientas y han compartido sus aprendizajes con el resto.

Había plantado una pequeña semilla, compartiendo un par de herramientas sencillas que creía que podían ser útiles, y floreció. La rendija que encontré fue un grupo muy pequeño de personas dispuestas a probar cosas nuevas para ser mejores al gestionar y mejorar el rendimiento de su equipo. El grupo sigue compartiendo recursos y creciendo como líderes de equipo.

ORGANIZA UN EVENTO SECRETO DE COHESIÓN DE EQUIPOS

A veces, cuando te pica el gusanillo de la innovación, o cuando crees en algo, tienes que arriesgarte por ello. Pueden ser apuestas altas o bajas.

En el año 2000, José Ochoa recibió el encargo de crear desde cero un equipo dedicado a la interacción persona-ordenador. Con una serie de proyectos pendientes de ejecución, no tardó en hacerlo. Para sorpresa de Recursos Humanos, contrató a personas graduadas en Empresariales, Bellas Artes, Biología, Psicología, Documentación y Periodismo. Un equipo muy diverso con distintos niveles de experiencia y formación.

El siguiente paso fue poner al equipo al día en los proyectos mientras nadie de su entorno valoraba o entendía lo que debían aportar. En este contexto, José temía que empezaran a pensar en términos de roles y estatus: "¿Quién va a ser la mano derecha del jefe? ¿Quién debe dirigir el proyecto o llevar la jefatura del equipo?". El reto al que se enfrentaba era "¿cómo puedo conseguir que se perciban como personas y no como rivales?".

Sabía lo que tenía que hacer, pero también que nunca conseguiría la aprobación de un evento de *team building* de tres días fuera de la oficina para su equipo. Y aunque lo consiguiera, tardaría meses. Demasiado tiempo, demasiado tarde. Así que se puso creativo.

José ofreció al equipo la posibilidad de ir a un retiro de fin de semana a sus expensas, aunque redujo la fricción como pudo haciendo algunas cosas:

- Podría llevar al equipo en su coche (siete plazas), por lo que no habría gastos de desplazamiento.

- Alquilaría una pequeña casa de campo, por lo que el coste sería de quince euros para cada uno durante el fin de semana.

- Podría pagar una buena comida para todos con el dinero de la empresa para las relaciones públicas. Esto se justificó por el hecho de que estaban trabajando en el equipo de su empresa (era un fin de semana de trabajo).

Por supuesto, pedía al equipo que pusiera una parte de su propio tiempo y un poco de su propio dinero. Esto -el viaje era una actividad laboral- podría hacer que algunas personas de RR.HH. (y representantes del personal) lo vieran mal. Pero era completamente opcional, los costes eran muy limitados y el programa era muy atractivo. Todos aceptaron asistir.

Las actividades implicaban una variedad de tareas en equipo. Hacían la compra y cocinaban juntos. Otra de las tareas que debían decidir en equipo era la organización del sueño. Las actividades de cohesión de equipo fueron diseñadas y facilitadas por sus miembros, aprovechando su experiencia:

- Excursión para observar aves en el campo y desarrollar habilidades de observación.

- Frente a una puerta románica de la zona, tenían que encontrar las imágenes que reflejaran la historia descrita en un texto antiguo, que era como leer una infografía del siglo XIII, y practicar los principios de usabilidad y *storytelling*.

- Taller de arteterapia, también visual y activador de la creatividad.

- Visita a un espacio arqueológico con otra inspiración cultural.

El fin de semana fue un éxito total, con un coste mínimo y un valor máximo. El efecto en el equipo fue que se conocieron en un ambiente relajado, relajaron sus roles o estatus "profesionales" y practicaron mucho la toma de decisiones y la coordinación como equipo.

Para José, el evento aceleró la cohesión del equipo, y está convencido de que podría haber tardado meses o incluso no haber ocurrido nunca sin él, hasta el punto de que, veinte años después, siguen en contacto y se sienten como un equipo disponible para los demás.

Este es uno de esos casos en los que vale la pena tomar la iniciativa, reducir los riesgos y pasar desapercibido. No hubo ninguna otra consecuencia porque se trataba del tiempo y el dinero de la gente, no del dinero de la empresa. Sí, tendría que haber sido durante los días laborables y costeado por la empresa, pero todos entendieron que ese era el camino si realmente querían que ocurriera, por lo que hicieron un esfuerzo adicional.

José aprovechó al máximo la pequeña oportunidad que tenía de hacer concesiones con el tiempo y los costes. La pequeña rendija fue el presupuesto de relaciones públicas, que estaba justificado, y la disposición del equipo a ceder su tiempo y un poco de dinero en efectivo, además de la facilitación de las actividades que aportaron. La empresa se benefició mucho de ello, pero como o era así o no era, José y su equipo creyeron lo suficiente en ello como para asumirlo. Al menos en esas condiciones, tampoco nadie podía detenerlos.

RESUMEN

Para hacer crecer la planta de la creatividad y la innovación, hay que plantar la semilla y regarla.

Hay que tener paciencia y perseverar durante mucho tiempo.

Hay muchas maneras de crear el ambiente adecuado. Pueden requerir poco tiempo y esfuerzo y no necesitan permiso: sesiones de café creativas, actividades grupales clandestinas durante la comida (hablar en público, juegos), eventos secretos de cohesión de equipos.

Necesitas hacer crecer tu red interna de aliados afines.

Los que creen en lo que haces invertirán su tiempo y esfuerzo en ello.

DESAFÍOS

Aquí tienes algunas actividades para explorar las rendijas de tu sistema:

- Si quieres tener una experiencia cinestésica de la metáfora de la rendija, entra en una habitación oscura y permanece allí durante unos minutos. Observa por dónde entra algo de luz. Siempre hay al menos un pequeño resquicio por donde pasa la luz.

- Encuentra ideas para mejorar tu empresa a través de la reflexión sobre lo que hay que mejorar. A continuación, pregúntate lo siguiente:

- ¿Cuáles parecen tener un curso de acción claro?

- ¿Puedes enumerar diez o más pasos que podrías dar para mejorar esa área?

- ¿Cuáles parecen los más impactantes para el esfuerzo, o los más urgentes?

- ¿Puedes enumerar las objeciones que recibirían?

- ¿Sabes quién tiene poder para actuar sobre esa área? (¿Quién es la persona más afectada por los malos resultados? ¿Quién toma las decisiones?)

• Reflexiona sobre las limitaciones que vives en tu empresa, luego piensa en la estrategia que mejor se adapte a cada una de ellas: compartir ideas, pasar desapercibido, buscar una tribu, cambiar de dirección, etc.

CAPÍTULO 10
LIDERAR CON HUMOR

La creatividad y el humor son idénticos. Ambos implican unir dos elementos que no tienen una conexión obvia y crear una relación".
—WILLIAM FRY

Como he mencionado antes, he sido payasa terapéutica durante un tiempo. Una payasa terapéutica necesita sintonizar con la energía de las personas con las que trabaja y decir "sí" a casi cualquier petición del público, como por ejemplo: "Vuela". Luego tiene que ser imaginativa para cumplirla, y fallará muchas de las veces (la mayoría), siempre con una sonrisa. Seguirá intentándolo sin descanso. Durante este tiempo, he experimentado y observado diferentes cosas, tanto en el hospital como en mis lugares de trabajo (sí, en plural).

He visto el impacto que puede tener una sonrisa. Una sonrisa, una simple mirada o un cálido "buenos días" pueden ser el punto culminante del día para una persona agobiada por reuniones difíciles, atascada en un problema o aburrida del día a día. Así que seamos generosamente amables; cada pequeño detalle suma y realmente crea un entorno de trabajo más acogedor.

También he sido testigo de cómo el humor disipa las tensiones (en reuniones o discusiones) y aligera las preocupaciones. Y también del impacto del contacto personal, de tú a tú, y de prestar toda la atención a la persona que tienes delante. A veces no hace falta mucho tiempo, pero sí un interés sincero por la otra persona.

Voy al trabajo con la energía del "nada es imposible", del "sí, probemos", que viene directamente de lo juguetón del payaso. Al dedicarme a funciones creativas, me he vuelto un poco más arriesgada en mis propuestas, y busco ideas más disruptivas.

He experimentado que el antídoto contra el estrés es el juego. Por eso intento fomentar una actitud lúdica y el sentido del humor en todos los que me rodean.

Por supuesto, estos aprendizajes, observaciones y descubrimientos no me convirtieron en una maestra de la empatía y la comunicación, sino más bien en alguien consciente de su importancia. Creo que "el camino del payaso o payasa" puede ser una forma de descubrimiento personal y profesional, explorando el juego, la creatividad, el fracaso y la empatía.

EL HUMOR COMO INSPIRACIÓN

Dave Birss, en su anterior carrera como creativo publicitario, confesó que la mayoría de las mejores ideas que tenía procedían de bromas. Compartió el ejemplo de una empresa que pidió a su agencia que creara un vídeo viral para la Copa del Mundo de fútbol hace quince años.

Dave dijo: "Oh, fantástico, has comprado el patrocinio de la Copa del Mundo. Bien hecho".

El cliente respondió que no lo patrocinaba.

Dave les advirtió que entonces no podrían mencionar ni el fútbol ni nada relacionado con los futbolistas, o se enfrentarían a una demanda. Pero el cliente insistió en que todavía quería hacer un viral para el Mundial.

Dave se estaba alejando, pensando en la petición, cuando se le ocurrió la idea. Surgió de una broma en su mente: "Entonces, lo que tenemos que hacer es inventar otro deporte". Y así fue como inventó el deporte *fingerball* (balón-dedo) en lugar del fútbol (balón-pie).

La idea era dibujar a una persona en el dorso de una mano, utilizando los dedos índice y medio como piernas, corriendo por la mesa y haciendo trucos con un trocito de papel. El cliente aceptó la idea y la llevó a cabo.

Dave seguía diciendo: "No sabemos si esto va a funcionar".

Pero el cliente insistió. "Confiamos en ti. Solo tienes que ir a por ello".

El día que lo lanzaron tuvieron diez millones de visitas. Sus servidores se cayeron por el volumen de visualizaciones. Fue el vídeo más visto ese año.

Empecé a escribir este libro centrándome en la creatividad y el juego, pero pronto sentí que el humor tenía que formar parte de la ecuación. En este caso, el humor estaba en el centro de una idea de éxito. Como verás, otras veces, el humor es el núcleo de un estilo de gestión detrás de un equipo de éxito.

EL HUMOR COMO ESTILO DE GESTIÓN

Los equipos más eficientes se divierten trabajando.
—SERGIO DE LA CALLE

Ned Freeman es un gestor de proyectos y jefe de equipo en una empresa tecnológica, y empezó como ingeniero de *software*. Se define a sí mismo como un *geek* y en sus primeros trabajos combinaba tecnologías web de escritorio y móviles. Pero sus funciones más recientes consistían en dirigir equipos utilizando el marco ágil descrito en un capítulo anterior.

No se puede tener una conversación completa con Ned y mantener la cara seria. Tarde o temprano habrá algo de lo que reírse, incluso en las situaciones más duras. Él dice que utiliza el humor, pero creo que es algo natural para él; es parte de quien es. Como directivo, está influenciado por la cultura de equipo de Pep Guardiola (exentrenador de fútbol del F.C. Barcelona). "Se asegura de que los miembros del equipo se hagan amigos, de que el objetivo esté claro y de que todos estén en él como uno solo".

Pero, sobre todo, Ned reconoce a los antiguos responsables con los que ha trabajado como los maestros de todo lo bueno que ahora practica. Son una fuente de inspiración para él.

Hubo uno en particular, hace mucho tiempo, cuando trabajaba en otra empresa, que era muy carismático y peculiar. El gerente no solo creía en el humor y en que todos pasamos demasiadas horas trabajando; también utilizaba técnicas de gestión muy poco ortodoxas.

Ned recuerda que llevaban un tiempo trabajando en equipo. Se acercaba una fecha de entrega y estaban muy atrasados en el proyecto. El jefe de proyecto llegó un día, los llevó a una sala, puso música heavy metal a todo volumen y los mantuvo trabajando allí durante los días siguientes.

De vez en cuando, el gerente lanzaba bolas de papel al equipo, gritando: "¡Trabajad, cabrones! ¡No vamos a cumplir el plazo!".

Los programadores escribían códigos como locos mientras esquivaban las bolas de papel. Ned le devolvía algunas con fuertes carcajadas: "¡Basta ya! No me dejas concentrarme. ¡Estoy programando aquí!".

Fue intenso, fue surrealista, fue duro, fue divertido... Y cumplieron el plazo.

Ese gerente ha influido mucho en la forma en que Ned aborda el trabajo y dirige un equipo. Con el humor como banda sonora y la amistad como base.

Ahora bien, no estoy sugiriendo que reproduzcas este enfoque. Es necesario crear un clima de confianza y camaradería antes de llevar a cabo algo así. Pero ese clima puede reproducirse en beneficio del equipo, la clientela y la empresa.

EL HUMOR EN EL TRABAJO

El humor es una actividad humana compartida. Ayuda a crear vínculos. Las personas que ríen juntas permanecen juntas. Las actividades positivas, divertidas y compartidas fomentan la amistad, y cuando la plantilla tiene amigos en el trabajo es más feliz y productiva.

El humor y el juego son los principios que guían todas las actividades que realizamos para desarrollar las habilidades de *Design Thinking*.

El uso del humor en el trabajo tiene varios beneficios. Sergio de la Calle, en su libro *Lidera con sentido del humor*, enumera algunos:

- Aumenta el impacto de la comunicación y el aprendizaje.
- Facilita las negociaciones y la gestión de conflictos.
- Fomenta la creatividad.

- Fomenta la honestidad y la autenticidad.

- Reduce el estrés y aumenta la resiliencia.

En los detalles de la creatividad, De la Calle describe cómo funciona. Si te ríes mientras resuelves un problema, tendrás más probabilidades de resolverlo.

El humor activa la liberación de dopamina, la hormona de la recompensa que te hace seguir resolviendo el problema. La risa es un gran calmante del estrés, ya que reduce los niveles de cortisol y la ansiedad (Savage et al. 2017). También genera emociones positivas asociadas a una mayor concentración y pensamiento imaginativo. Con todo junto, tienes una poción creativa.

William Fry, profesor de la Universidad de Stanford y uno de los primeros investigadores del humor y la salud, considera que "la creatividad y el humor son idénticos; ambos implican reunir dos elementos que no tienen una conexión obvia, y crear una relación" (Fry, 2016). Ambos son clave a la hora de combinar cosas para generar nuevas ideas.

El humor puede ser tan complicado como poderoso. De la Calle sugiere utilizar el humor afiliativo si se quiere mejorar las relaciones. Como líder, un toque de humor autodespectivo puede ser útil de vez en cuando. Pero hay que evitar el humor agresivo, convertir a alguien en el blanco de una broma, porque destruye el buen clima.

Esa es la experiencia de José Ochoa. Recuerda un taller en el que un participante empezó a aportar comentarios graciosos desde el principio. El caso es que era bastante inteligente, y tan brillante en las bromas que incluso José se echó a reír un par de veces, a pesar de su buen juicio. El problema era que este participante se dirigía a sus compañeros y socavaba su confianza y su voluntad de contribuir.

José esperó hasta el siguiente descanso para tomar el control de la situación: "Mira, eres la persona más brillantemente divertida que he conocido, pero estás destruyendo el clima de la sesión, así que tengo que pedirte que dejes de hacerlo o que abandones la sesión".

El participante decidió permanecer en la formación tratando de controlarse, y la sesión continuó normalmente.

EL HUMOR EN LA PRÁCTICA

De la Calle advierte que el humor no es algo que se haga una vez al año en un evento de la empresa, sino una actitud que impregna el día a día: al explicar una tarea desagradable, al preparar una conversación difícil, al obtener una respuesta, al discrepar y también al dar un *feedback* positivo.

Como jefe de equipo, Ned ha tenido la oportunidad de poner en práctica el estilo de liderazgo que aprendió de los anteriores responsables con los que trabajó. Ahora se ve a sí mismo como un facilitador y gestiona proyectos de alto nivel relacionados con la transformación digital en el sector sanitario. Su deber es asegurarse de que su equipo tenga lo necesario para llevar a cabo su trabajo de forma ágil y que sea capaz de medir todos los resultados.

Ned intenta fomentar la autonomía y la creatividad de sus colaboradores preguntándoles qué piensan sobre un nuevo reto. No pregunta formalmente en una reunión con muchas personas porque eso es intimidante. Mantiene conversaciones individuales para recoger sus opiniones e ideas.

Para las personas *juniors*, esto es un poco chocante al principio. No les cabe en la cabeza decirle a su responsable lo que tiene que hacer. Luego incluye las sugerencias en el planteamiento general del reto: "Cada persona podía ver reflejada parte de sus ideas, por lo que se sentía parte de la toma de decisiones. Mi papel era entonces defender este enfoque ante la alta dirección".

Hay que tener cierta confianza para seguir los pasos de Ned. Su objetivo es hacer que la gente se sienta libre a través del humor en lugar de la fuerza en el día a día: "Todos sabemos que el trabajo es serio, pero no hay que estar triste. Algunas personas responsables de equipo temen no ser tomadas en serio".

Lo interesante es que el enfoque de Ned parece dar resultados. Es un proceso diario y lento, pero él sabe que es eficaz. Compartió el caso de un colaborador *junior* como ejemplo: "Era un poco brusco al principio, pero con dosis diarias de humor y libertad creativa, con el tiempo, fue entrando en la dinámica. Sé que funcionó porque cuando se fue -simplemente porque necesitaba el salto económico- me dijo: 'He durado tanto en la empresa porque vosotros (el equipo) estabais aquí.'".

Ned creó un clima de confianza y objetivos compartidos con su equipo para que sintieran que pertenecían a él. La decisión de irse nunca era fácil porque ibas a dejar a tus amistades y un espacio seguro y divertido para crecer.

Su historia pone de manifiesto lo influyente que puede ser la persona líder. La forma en que diriges hoy influye en la cultura laboral del mañana; estás dando un ejemplo. Estás plantando las semillas de una nueva cultura. Asegurémonos de que incluya creatividad, humor y diversión.

RESUMEN

El humor fomenta la creatividad e inspira ideas.

Los beneficios del humor en el trabajo son muchos:

* Aumenta el impacto de la comunicación y el aprendizaje.

* Facilita las negociaciones y la gestión de conflictos.

* Reduce el estrés y aumenta la resiliencia.

* Construye la confianza e impulsa la productividad.

La mejor manera de crear una cultura del humor es utilizarlo a diario.

DESAFÍOS

Puedes empezar a introducir el humor en tu día a día de muchas maneras sencillas:

* ¡Inicia las reuniones con diversión! Rompe el hielo mientras esperas a que lleguen los demás, suelta un chiste malo o haz un comentario divertido. De verdad, sé que es necesario. Puede que no todas las personas presentes en la sala (o en la pantalla) lo aprecien, pero muchas sí, y marcará la diferencia en su día. Así que atrévete a hacer alguna tontería (siempre que sigas haciendo tu trabajo).

* En las sesiones a distancia, elige una imagen de fondo divertida para romper el hielo.

* Explora la improvisación cómica (instrucciones en el capítulo "Activar la creatividad del equipo"). Necesitas hacer que los demás queden mejor que tú, y aceptar cualquier propuesta con una actitud de "sí, y". Con el tiempo, interiorizas los principios y te comportas de forma similar cuando te presentan una idea: la construyes en lugar de bloquearla con un "sí, pero".

PARTE 4:

LAS HERRAMIENTAS

~o~o o~o o o~ ~ oo ooo~ ~~~ ooo

CAPÍTULO 11

EMPIEZA UNA
PLAYFUL REVOLUTION

El juego es natural, divertido, inclusivo y fácil.

Si has llegado a esta sección es porque te has inspirado para iniciar tu propia *playful revolution* (revolución lúdica). Aquí encontrarás algunas ideas tácticas que te ayudarán a empezar.

Espero que el juego forme parte de la cultura de tu empresa en algún momento. Pero incluso si lo mantienes dentro de tu equipo, habrás marcado la diferencia. La positividad, la creatividad y la productividad de tu equipo iluminarán a todos los que te rodean, igual que una pequeña cerilla puede iluminar una habitación oscura.

Puede ser un pequeño secreto si es necesario. Puede ser tan sencillo como decir *hola* en lugar de *adiós*, o *buenos días* por la tarde. Harás que los demás piensen por un segundo y que tú sonrías por dentro.

Te invito a unirte a la *playful revolution*. El mundo va a ser mejor solo porque lo intentes.

CÓMO INICIAR UNA REVOLUCIÓN LÚDICA

Puede que a estas alturas te hayas convencido de que el juego puede aportar valor a tu equipo o a tu vida laboral. Eso está bien, pero ¿cómo integrar todos estos procesos, teorías y técnicas en tu ya ocupada jornada? Despacio.

Solo tú puedes elegir las personas, las herramientas, el entorno y el tiempo. Sin embargo, es posible que primero quieras adoptar una mentalidad lúdica.

Necesitarás personas dispuestas a jugar y a aliarse contigo.

Asegúrate de que no necesitas permiso o encuentra a alguien que pueda concederlo.

Si todavía tienes dudas, quizá puedas empezar por debajo del radar. Cuando tengas pruebas de que tus pequeños experimentos dan resultados positivos, empieza a crecer. Un primer paso puede ser compartir tus resultados y técnicas con otras personas afines que puedan beneficiarse de ellos. Si consigues reunir sus casos de éxito, puedes ampliar el concepto. Tal vez puedas compartirlo con tu responsable, con recursos humanos, incluso con la dirección de la compañía.

CÓMO APLICAR LA TEORÍA DEL JUEGO

En cualquier caso, en algunos entornos de trabajo (ya sabéis quiénes sois), puede ser prudente no revelar la imagen completa de lo que tienes entre manos.

Por ejemplo, puedes utilizar las teorías del juego sin informar a todo el mundo de que lo estás haciendo. Cuando crea un taller que utiliza el juego, Dave Birss declara que se suspenden las reglas normales de funcionamiento y que los elementos son ahora los siguientes:

- Todas las personas participantes están de acuerdo en aceptar las reglas.
- Por un tiempo limitado.
- Reglas diferentes.
- Objetivo del juego.
- Roles involucrados.
- Definición de éxito.

CÓMO CREAR UN ESPACIO MÁGICO

Para Dave, la mejor manera de conseguir que la gente juegue con las reglas del taller es sacarla del edificio o de la oficina. Al poner a las personas en un entorno ajeno, no sabrán qué hacer o esperar. En ese entorno, les presentas las reglas.

Dave ha celebrado sesiones en un club de *burlesque*, en las calles de Nueva York o en un barco (que tiene el efecto añadido de que las personas participantes no pueden escapar).

De acuerdo, puede que tu contexto de trabajo no permita esas configuraciones extravagantes. Puedes ser como Steve Jobs, que daba la vuelta a la manzana con la gente para presentarle sus ideas. Sabían el tiempo que tenían para explicarlas y persuadirlo.

Si salir del edificio no es una opción, tal vez puedas retocar lo que tienes: la oficina. Puedes utilizar rotuladores de tiza líquida o incluso rotuladores de pizarra blanca en las ventanas y puertas de cristal para emplear técnicas de comunicación visual o para juegos visuales. Puedes simplemente hacer garabatos para divertirte. Yo he descolgado cuadros para liberar espacio en la pared para notas adhesivas, pero también puedes colocar papel electrostático de pizarra blanca en casi cualquier superficie plana. Puedes retirar todas las sillas de la sala para que nadie se siente, ya que estar de pie te mantiene más alerta y fomenta la participación.

Como mínimo, llenar la mesa de una sala de reuniones con notas adhesivas de colores, rotuladores y bloques de *LEGO* puede provocar una respuesta emocional lúdica. Mi experiencia es que la gente conecta rápidamente con sus recursos mentales visuales, pero también con su niño o niña interior y el carácter lúdico que conlleva. Inténtalo. ¡Juega!

CÓMO LLEVAR EL JUEGO AL LUGAR DE TRABAJO

Aunque existe un consenso general en el hecho de que la infancia es más creativa y juguetona por naturaleza, hay diferentes enfoques a la hora de facilitar talleres creativos en las empresas. Hay un estilo que intenta reproducir los niveles de energía y las actividades infantiles, en distintos grados.

Luego, hay un estilo más comedido, como el que practica Dave Birss:

Creo que hay una distinción importante entre ser "como niños" y ser "infantil". Me gusta llevar a la gente a un estado de asombro y curiosidad, pero no hay necesidad de correr como infantes con subidón de azúcar, que es la forma en que mucha gente cree que tiene que dirigir estos talleres de juego. Creo que eso es irresponsable y da mala fama. Hace que la gente que está en el mundo de los negocios se sienta incómoda. No digo que se trate de ser serio, porque yo soy lo contrario de serio cuando se trata de estas cosas. Estoy animando a la gente a hacer bromas y a interrumpir y a sentirse libre para hablar, porque de eso se trata. Se trata de sentirse libre y en estado de apertura. Pero no se trata de sentarse y jugar a pasar el paquete y cosas así, que ya he visto. De hecho, lo he visto en un taller en el que se intentaba que la gente de negocios actuara como infantes. Creo que eso es malinterpretar la idea de juego.

Tuve sentimientos encontrados con esto porque personalmente me inclino por la versión infantil. Me parece que tiene cierta razón, pero es británico, que es, al menos para mí, una cultura muy contenida. He tenido perfiles directivos que han jugado a juegos infantiles como calentamiento y parecían estar felices de hacerlo. El contexto era una reunión ejecutiva de alto nivel, no una mezcla con colaboradores en la que tuvieran que mantener el estatus.

Por lo tanto, tomo el comentario de Dave como una advertencia de que hay que ser sensible a las personas con las que se trabaja y adaptarse en consecuencia. Aunque siempre se puede aplicar la teoría del juego al taller e inducir un estado mental lúdico con diferentes actividades, el comportamiento más infantil tendrá que ser cuidadosamente pensado y adaptado al contexto.

A lo largo de la investigación para este libro, he entrevistado a varias personas con experiencia en consultoría y facilitación de la innovación, algunas de los cuales han compartido sus técnicas lúdicas.

- Mireia Bertrán, diseñadora gráfica y facilitadora de *Design Thinking*, mezcla ludificación e inteligencia emocional.

- Elba Pedrosa, escritora y actriz, incluye técnicas de escritura y actuación para liberar la creatividad.

- Danel Alberdi, coach y arquitecto del logro, hace que las personas construyan modelos de la vida real para facilitar el cambio de forma lúdica.

No intentan utilizarlo todo, pero son muy entusiastas en sus elecciones. Aprovechan lo que tienen en su caja de herramientas para alcanzar los objetivos acordados con sus clientes.

Personalmente, me inclino por los juegos de mesa, la música, el baile y el humor. ¿Qué puedes aportar tú que realmente te interese? Probablemente puedas modificar gran parte del material presentado en las siguientes secciones para adaptarlo a tus habilidades e intereses. Es solo un punto de partida.

Por otra parte, no es necesario dedicarse a la consultoría o facilitación profesional para introducir el juego en el espacio de trabajo. No todo tiene que hacerse en el contexto de un taller.

Por ejemplo, durante un proceso de contratación de prácticas para un equipo de innovación, reté a las personas candidatas con un ejercicio de improvisación. Tenían que venderme un producto, como un teléfono móvil, mientras utilizaban un accesorio no relacionado, como una papelera. Por supuesto, no había ninguna advertencia sobre esta prueba en particular, así que resultó ser toda una sorpresa. La esencia de la actividad era ver cómo se recuperaban de ello y la rapidez con la que se les ocurría algo que decir. Todas superaron la prueba, ya que ninguna se quedó paralizada. Nos divertimos viendo sus actuaciones, especialmente en los momentos en los que te ofrecen la pieza más sofisticada de la tecnología de los teléfonos móviles mientras te entregan un simple cubo de plástico negro. En esencia, todas mostraron apertura, flexibilidad y creatividad, aunque algunas parecían más cómodas con el ejercicio.

CÓMO AUMENTAR LA CONFIANZA CREATIVA

Linda Neiman, fundadora de PlayAtWork.com, es una artista y consultora de creatividad que lleva las artes al entorno empresarial. Obviamente, sus técnicas implican mucho dibujo y pintura. Es partidaria de crear un entorno seguro en el que la gente pueda sentirse libre para ser ella misma y expresar ideas descabelladas. Para conseguir ese efecto, desarrolló una actividad de pintura lúdica:

- **Calentamiento:** "Dime ideas estúpidas". Cuando se permite a la gente decir cosas estúpidas, se relajan respecto a la presión de producir grandes ideas. Entonces producirán más ideas, que al final traerán algunas buenas.

- **Calentamiento de pintura:** "Pinta algo feo". La mayoría de la gente cree que puede hacerlo y empieza a pintar.

- **Actividad:** "Mantened una conversación por parejas pintando, no hablando". Como la pintura puede resultar intimidante para algunos, Linda intenta crear un espacio seguro pidiéndoles que pinten algo abstracto, que se expresen utilizando círculos y cuadrados. Se turnan para pintar durante veinte o treinta minutos.

Cuando realiza esta actividad en las organizaciones, las personas participantes explican después lo que intentaban decir a través del cuadro. El cuadro final es una representación gráfica de su dinámica de trabajo.

Linda compartió una historia sobre una de estas parejas, un vicepresidente de negocios y su asistente de los últimos seis meses. Hicieron varias rondas en las que se turnaron para pintar, y luego informaron sobre sus aprendizajes y sentimientos. El vicepresidente dijo: "He aprendido más en esta sesión que en seis meses".

En otra sesión, un par de personas de *marketing* tenían que trabajar juntas pero no se llevaban bien. Una de ellas se mostró especialmente agresiva, yendo más allá del lienzo y pintando los brazos de su compañera. Eso fue probablemente "pasarse de la raya". Sentían que la pintura era como una tercera persona, lo que les permitía expresar cuestiones no discutibles de una manera más fácil. Una vez terminada la ronda de pintura de veinte minutos, compartieron una conversación más calmada, se entendieron un poco mejor y descubrieron que tenían valores compartidos.

Si estás empezando, es posible que quieras evitar situaciones complicadas. Pero tú conoces a tu gente, y si el clima es apropiado, los pasos de Linda pueden ser muy útiles y divertidos de probar.

CÓMO AUMENTAR LOS NIVELES DE CREATIVIDAD

El Dr. Franc Ponti, experto en neurocreatividad, compartió algunos de los planteamientos que utiliza para elevar los niveles de creatividad de un grupo.

Su esquema es el siguiente:

1) Empieza con pequeños problemas en los que haya posibilidades de éxito (victorias fáciles). Puede que no sean disruptivos, pero se ganará en confianza. Se pueden ejecutar y evaluar. Tiene que haber un

objetivo específico, útil y tangible. Dar rienda suelta a la creatividad sin aprovecharla no sirve de nada.

2) Es muy importante **salir del edificio**, cambiar de escenario, ya que, de lo contrario, el trabajo y los correos electrónicos se interponen e interrumpen todo el proceso. Franc utiliza los eventos al aire libre en la medida de lo posible, con juegos y desafíos para que la gente entre en calor.

3) Crea una atmósfera lúdica que facilite la desinhibición cognitiva. Se trata de un proceso bastante serio que puede dar lugar a resultados serios, pero que requiere un ambiente libre de juicios y relajado.

    a. Utiliza juegos centrados en la expresión corporal y dedica un tiempo a la reflexión personal después.

    b. Pon un fragmento impactante e inspirador de una película para que compartan cómo se sienten (hablar de sentimientos en un entorno corporativo es algo bastante inusual y acostumbra al grupo a salir de su zona de confort).

4) Propón pequeños retos relacionados con el gran problema para calentar (es decir, adapta el tema de la actividad al tema del reto).

5) Utiliza herramientas de facilitación. Necesitas un entorno rico (notas adhesivas, carteles, rotuladores, material de prototipado).

6) Entonces, aborda el problema.

RESUMEN

Puedes empezar a introducir el juego en el espacio de trabajo de forma gradual y con pequeños experimentos.

Salir de la oficina ayudará a la gente a relajarse. Enriquecer el entorno con objetos de juego es una opción viable cuando no es posible salir del edificio. Los juguetes, los juegos de mesa y los materiales de creatividad pueden inspirar una actitud lúdica.

Hay muchas formas diferentes de llevar el juego y la creatividad al espacio de trabajo, desde los calentamientos hasta las actividades completas de cohesión de equipos que utilizan habilidades del teatro, la música, el arte y los juegos junto con el coaching, el pensamiento estratégico o la planificación. Finalmente, puedes aportar tus habilidades e intereses a las sesiones.

Empezar tu propia *playful revolution* debe ser divertido, inclusivo y fácil, pero no tiene por qué ser oficial o público. Es posible que quieras mantenerla en privado al principio.

DESAFÍOS

Este es un capítulo más táctico y el siguiente paso es planificar la acción:

- Piensa en una pequeña acción que puedas llevar a cabo para ganar confianza creativa, hacer que tu entorno sea más lúdico y hacer sonreír a la gente que te rodea. Empieza a llevarla a cabo.

- Si tienes un equipo, piensa en tres acciones diferentes para llevar el juego a tu entorno de trabajo o a las reuniones. Escoge la más fácil de poner en práctica y observa lo que ocurre. Luego, sigue adelante.

- Diseña una sesión creativa para resolver algún reto de equipo. Luego, realiza el taller. Aprende de él. Aclara y repite.

CAPÍTULO 12
TÉCNICAS

Este capítulo presenta las actividades mencionadas en este libro. Algunas de las actividades se han elaborado a partir de una mezcla de fuentes de información que no he podido recordar. Son mi propia interpretación de las técnicas y la forma en que las utilizo.

DESAFÍOS

RETO CREATIVO DE UN MINUTO DURANTE VEINTIÚN DÍAS

La confianza creativa es un ingrediente necesario para utilizar nuestros superpoderes creativos. He desarrollado el reto de un minuto para ayudar a la gente a ganar confianza creativa con el menor esfuerzo. Te ayudará a desarrollar tu mini porfolio creativo, prueba tangible de tu creatividad. De momento, no te preocupes por la calidad o el trabajo superoriginal.

Por lo tanto, deberías incorporar el **hábito creativo** a tu vida diaria si quieres activar más tu creatividad. El reto tiene una duración de veintiún días porque, según los expertos, este es el número mínimo de días que se necesita para adquirir un nuevo hábito.

El reto creativo de 1 minuto

- **Elige un ámbito creativo** como la escritura, el dibujo, la fotografía, la cocina o el baile.

- **Elige un entregable específico** para tu ámbito elegido. Estas son algunas ideas (pero puedes definir las tuyas propias):

  - Escritura:

    - Escribe un pensamiento original sobre un tema que te apasione (extensión de un *tweet*).

    - Escribe un *haiku*, una forma de poesía japonesa compuesta por tres versos de cinco, siete y cinco sílabas respectivamente. (No te preocupes por el número exacto. Mejor, piensa en términos de "breve, largo y breve").

  - Dibujo:

    - Dibuja pequeños iconos de los conceptos de los que hablas constantemente. Puedes buscar en Google la palabra que buscas más la palabra "icono" y luego hacer una versión a mano alzada, pero la lista tiene que ser relevante para tu trabajo o intereses.

    - Escucha algo de música y haz garabatos inspirándote por ella durante un minuto. Puedes grabarlo o tomar una instantánea después de haberlo hecho.

  - Fotografía:

    - Elige un tema de tu interés y haz una foto al día. No es necesario editarla.

- ○ Toma una foto de cualquier cosa que te llame la atención durante tu camino al trabajo, a la escuela u otro recorrido diario.

– Cocina:

- ○ Cocina la cena con hasta cinco ingredientes que ya tengas y haz una foto.

– Baile:

- ○ Pon un poco de música y empieza a bailar. Puedes poner la misma música cada vez pero tienes que moverte de forma diferente. No te preocupes por movimientos geniales o la coreografía. Unos movimientos divertidos cubrirán el objetivo siempre que sean diferentes de los anteriores. Grábalo.

- **Registra tu entregable**:
  – Toma una instantánea, un vídeo o algo similar para tener un **registro** permanente de tus resultados. Decide una fórmula y sigue con ella para ser consistente.

- **Compártela** diariamente en las redes sociales si quieres, o con alguien de confianza a quien rendir cuentas.

- **Después de tus veintiún días** (puedes saltarte un día o dos de vez en cuando, pero asegúrate de crear veintiuna piezas):

  – Habrás completado el reto, y seguro que sentirás que tu creatividad ha aumentado.

  – Este es el momento de mirar tu obra, ponerla junta en una captura de pantalla o galería de algún tipo. Puede que quieras compartirla con tus amigos, en las redes sociales, o simplemente mostrarla para disfrutar tu momento de orgullo personal. Te lo mereces.

Ahora ve y usa tus superpoderes creativos.

TÉCNICAS

EL TEST DE LOS USOS ALTERNATIVOS

Se trata de un ejercicio muy sencillo que puedes utilizar como calentamiento, como test y como manual de creatividad.

Materiales:

- **Hojas de papel en blanco.**
- **Bolígrafos.**
- **Temporizador.**

La tarea:

Asegúrate de que todo el mundo tiene papel y bolígrafo y explica:

Tenéis dos minutos para idear el mayor número de usos alternativos de un elemento que te voy a contar dentro de un momento. Antes de empezar, tened en cuenta que no hace falta que describáis la idea por completo; basta con nombrarla para saber a qué os referís. Además, todo vale: lo ilegal, lo inmoral y lo políticamente incorrecto. Tenéis que suspender el juicio por un momento. El objetivo es conseguir el mayor número posible de ideas.

Algunas ideas para elegir el objeto del reto son un clip, un ladrillo, un cinturón, un lápiz, un cepillo, una botella, un zapato, una cinta o un libro.

"¡Ahora *encuentra usos alternativos de [ITEM] !Vamos!*. Pon en marcha el temporizador.

Después de dos minutos, detén la escritura.

Como tarea de calentamiento, eso sería todo.

Opcional: Puedes comprobar cuántas ideas se les han ocurrido con un recuento:

"¿Cuántos *teníais entre cero y tres ideas? ¿De cuatro a ocho? ¿De ocho a doce? ¿De trece a quince? ¿De dieciséis a veinte? ¿Más de veinte? ¿Más de treinta?*

Preparación para la creatividad:

Si quieres utilizar el ejercicio como preparación para la creatividad, puedes dar a los participantes algunas pistas antes de pasar a otra actividad creativa. Puedes reformular la siguiente información:

Al examinar las ideas, a algunas personas se les han ocurrido muchas. Eso se llama fluidez. Se trata de la cantidad.

Si estas ideas pertenecen a muchas categorías diferentes, eso demuestra una gran flexibilidad. En el reto de los usos alternativos, si se utilizara el clip para abrir una puerta, abrir la cerradura de un tesoro o abrir una ventana, aunque cuentan como tres ideas, pertenecerían a la categoría general de abrir cosas con él. Pero si alguien añade usarlo para arreglarse el pelo o fijar una foto en la pared, pertenecen a categorías de uso diferentes.

Cuando intentas generar muchas ideas, quieres aprovechar las categorías y explorarlas, agotarlas hasta que otra idea se apodere de ti y te arrastre a otra categoría.

Por último, si solo unas pocas personas (o solo una) tuvieron una idea, eso es originalidad. No se puede planificar, pero la creatividad es un juego de números. Cuantas más ideas se generen, más probabilidades hay de que se produzca algo original. Al principio se tiende a pensar en las más obvias, por lo que hay que seguir adelante.

Opcional: la segunda prueba de usos alternativos

Al final de esa sesión, puedes hacer otra prueba de usos alternativos y volver a contar. Normalmente, el número de ideas aumenta con solo haber calentado y ser consciente de algunos conceptos. La creatividad es un músculo, pero también una técnica.

MAPA DE EMPATÍA

Un mapa de empatía es una herramienta que te permite centrarte en tu persona usuaria o cliente y tratar de entender sus motivaciones y circunstancias. Puedes hacer el ejercicio individualmente, pero puede ser útil hacerlo en equipo.

Materiales:

Individual:

- **Hojas A3.**
- **Rotulador.**
- **Notas adhesivas pequeñas** (opcional).

Equipo:

- **Pizarra blanca.**
- **Rotulador de pizarra blanca.**
- **Rotuladores permanentes, negros y gruesos** (¡Manténlos alejados de la pizarra!).

- **Notas adhesivas.**

Puedes replicar la imagen, pero solo con los títulos de las secciones, y quizás una persona como en la plantilla o un círculo y dos puntos, representando a la persona. Esto no es un concurso de dibujo. Los títulos deben ser: *pensar, sentir, oír, ver, decir* y *hacer,* junto con los puntos de dolor y las ganancias.

Proceso:

- **La persona usuaria:** escribe el nombre de la persona para la que vas a hacer el mapa de empatía.

Alternativamente, es posible que desees definir una *persona usuaria,* es decir, un arquetipo de algunos clientes o personas que usan tu servicio y que deseas comprender mejor. Por ejemplo, Joe, propietario de un negocio minorista de cincuenta años, divorciado, padre de dos adolescentes y tecnófobo. Es muy importante que puedas relacionarte con un perfil individual o concreto.

- **El contexto**: Empieza a rellenar los cuadrantes alrededor del perfil elegido. Utiliza una nota adhesiva por elemento. Procura escribir al menos tres o cuatro elementos en cada sección, pero no te detengas si tienes más datos.

Por ejemplo, supongamos que estabas rellenando esto en la primavera de 2020 (durante el cierre de COVID-19). Joe puede estar **pensando**: ¡Oh, Dios mío, mi negocio se ha acabado! Él puede estar **sintiendo**: *Estoy muy asustado.* Al mismo tiempo, está **escuchando** voces contradictorias: *Esto no va a durar,* así como *Esta es la nueva realidad.* Puede **ver** las calles desiertas.

Lo ideal sería investigar un poco. Eso es una mezcla de búsqueda *online,* observación (si puedes), o hablar con personas que conocen a la persona usuaria. Dependiendo de la situación, puedes incluso hablar con la persona y preguntarle directamente.

- **Los resultados**: La última parte consiste en analizar las consecuencias del contexto, los puntos de dolor que genera y las posibles ganancias.

En el caso de Joe, sus **puntos de dolor** deben incluir sus frustraciones, miedos y obstáculos. No puede abrir la tienda, no puede vender, y todavía tiene que pagar impuestos y facturas. En las **ganancias**, se incluyen los objetivos y necesidades del usuario. Joe podría crear un comercio electrónico, una página de Instagram o Facebook para promocionar sus productos y vender online.

Rellenar el mapa de empatía te dará información sobre el contexto, las influencias, así como los objetivos y los puntos de dolor. Esos puntos de dolor serán oportunidades para resolver problemas y crear nuevos productos y servicios o mejorar algunos que ya tienes. Es muy frecuente que empiecen a surgir ideas incluso cuando se está empezando a rellenar una de las casillas del contexto. Cuando te tomas el tiempo de observar lo que una persona puede estar viendo o escuchando, eso te da una idea para una solución.

En equipos, podéis ir juntos sección por sección y exponer las cosas en voz alta. Si tienes poco tiempo, puedes dividir la carga, encargar a diferentes personas diferentes secciones y compartirlas más tarde.

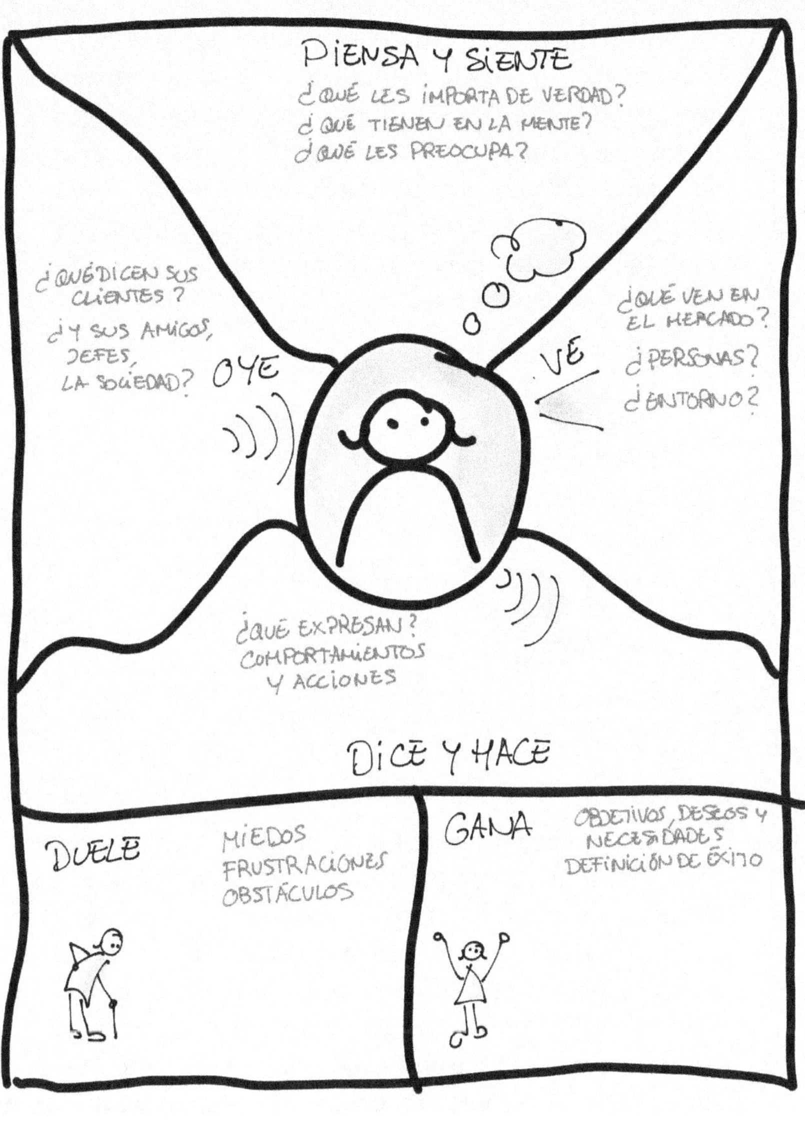

PIENSA Y SIENTE
¿QUÉ LES IMPORTA DE VERDAD?
¿QUÉ TIENEN EN LA MENTE?
¿QUÉ LES PREOCUPA?
¿QUÉ DICEN SUS CLIENTES?
¿Y SUS AMIGOS, JEFES, LA SOCIEDAD?
OYE
¿QUÉ VEN EN EL MERCADO?
¿PERSONAS?
¿ENTORNO?
VE
¿QUÉ EXPRESAN?
COMPORTAMIENTOS Y ACCIONES
DICE Y HACE
DUELE
MIEDOS
FRUSTRACIONES
OBSTÁCULOS
GANA
OBJETIVOS, DESEOS Y NECESIDADES
DEFINICIÓN DE ÉXITO

MOVING MOTIVATORS

Moving Motivators es una herramienta que me gusta utilizar para conocer a las personas y hacer que los equipos definan sus valores. Es un producto creado por Jurgen Appelo en Management 3.0. Consiste en diez tarjetas de colores con diez valores considerados motivadores intrínsecos, es decir, una lista de motivadores internos que mueven a las personas a hacer algo en lugar de recompensas externas:

- Curiosidad.
- Honor.
- Aceptación.
- Maestría.
- Poder.
- Libertad.
- Relaciones.
- Orden.
- Objetivo.
- Estatus.

Las tarjetas vienen con una breve definición que puedes tomar como punto de partida. Si tú o tu equipo tenéis definiciones diferentes, hay que exponerlas claramente y compartirlas. Incluso podéis decidir cambiar estos motivadores por otros diferentes. Lo importante es que puedes utilizarlos para identificar lo que te motiva a ti y a tu equipo. También puede ayudarte a evaluar las situaciones de cambio en función de cómo afectan al grupo.

Puedes encontrar una versión descargable y una plantilla para sesiones a distancia aquí: https://management30. com/practice/moving-motivators/

Sesión Individual

Veo las tarjetas como una herramienta de reflexión personal y un catalizador de la conversación con otra persona de otro equipo o del tuyo. Las tarjetas te ayudan a tener una conversación más profunda. Por supuesto, es necesario haber creado un clima de confianza para que esto funcione. Yo las utilizo así con otra persona:

1) Pídele que las coloque sobre una mesa, una al lado de la otra. Tendrá una línea horizontal de cartas.

2) Pídele que las ordene por prioridad en la misma línea horizontal. Debe colocar el más importante a la izquierda, luego el segundo más importante a su derecha, y así sucesivamente, hasta colocar el de menor importancia en el extremo derecho. Así se destaca lo que más importa a la persona, sus principales motivadores intrínsecos. Puede haber algún cambio con el tiempo, pero no es algo que cambie semanalmente, en general.

3) Ahora, le pedirás que mueva las tarjetas en el eje vertical. Es decir, si su nivel de satisfacción es alto, deberá colocar ese motivador hacia arriba (con el tamaño de la tarjeta es suficiente), y hacia abajo si su nivel de satisfacción es bajo. Se debería ver un gráfico con tarjetas por encima y por debajo de la línea de base (la línea horizontal). Esta es una instantánea del estado actual de las cosas. Suelo prestar más atención a los tres o cinco puntos más importantes en un entorno individual. Es necesario mantener una conversación sincera sobre lo que se muestra.

4) Tendrás que repasar los tres o cinco primeros puntos uno por uno. Pídele a la persona que piense en diferentes formas en las que podría elevar su nivel de satisfacción. Debería aportar ideas sobre lo que podría hacer la empresa, el equipo o la persona responsable. Esto te dará ideas para la acción que puedes llevar a cabo. Si eres un líder de equipo, tu primera preocupación pueden ser los elementos que están por debajo de la línea, pero si es difícil actuar sobre ellos, puedes mejorar otro elemento importante aunque sea más neutral.

5) En esta fase, puedes pasar la responsabilidad a la persona que está haciendo el ejercicio: *Estas ideas pueden llevar tiempo o no estar bajo mi control. ¿Qué puedes hacer ahora mismo para mejorar la valoración de este elemento?* Independientemente de que intentes algo, deberían salir de la sesión con una sensación de empoderamiento sobre su propio motivador.

La cuestión es que si alguien muestra que la curiosidad, la maestría y la autonomía son importantes mientras que el estatus y el poder no lo son, trasladarlo a un puesto de responsabilidad puede no ser una motivación en absoluto. Si ese puesto implica redactar un montón de informes y tareas administrativas, puede que no aprecie el reconocimiento que conlleva. Puede que sea más feliz con proyectos interesantes y novedosos en los que resulte casi obligatorio aprender cosas nuevas, siempre que confíes en su experiencia y te permitas que pueda elegir cómo va a actuar.

Ahora, cuando utilizo las tarjetas para una reflexión personal o para ayudar a alguien a tomar una decisión, lo hago de la siguiente manera:

1) Coloca las cartas sobre una mesa, una al lado de la otra, y ordénalas por importancia de izquierda a derecha.

2) Evalúa tu estado actual en cada uno (por encima o por debajo de la línea de base).

3) Escribe "Actual" en una nota adhesiva, colócala cerca de las tarjetas y haz una foto del conjunto.

4) Piensa en el escenario que deseas evaluar y valora tu estado moviendo las cartas por encima o por debajo de la línea base, en consecuencia. Por ejemplo, puedes considerar la posibilidad de asumir una posición de liderazgo, lo que podría elevar tus motivadores de estatus y poder.

5) Es posible que desees describir el escenario en una nota adhesiva y tomar otra instantánea de la situación actual.

Comparar ambas imágenes puede ayudar a aclarar los beneficios de cada escenario junto con su alineación con los valores o motivadores relevantes. Los pros y contras habituales no son tan útiles para tomar decisiones porque ponen todos los beneficios y desventajas en el mismo montón sin tener en cuenta cuánto te importa eso.

Moving Motivators con equipos

En el caso de los equipos, es posible que algunas personas no se sientan cómodas compartiendo sus prioridades con el resto. Lo ideal sería celebrar sesiones individuales con cada miembro del equipo para abordar sus propias prioridades y familiarizarse con la mecánica de la herramienta. A continuación, podrás trabajar con todo el equipo.

1) Discute en equipo el significado de las tarjetas y cómo las interpreta cada persona.

2) Consensúa un único significado, añadiendo aclaraciones debajo de los que corresponda.

3) Acuerda los valores más importantes del equipo por prioridad. Debes tener un conjunto de tarjetas para el equipo colocado a la vista.

4) Haz que todo el mundo replique el orden de los valores del equipo con su conjunto individual de cartas.

5) Ahora, todo el mundo debe colocar por encima de la línea de base los valores con los que cada uno está especialmente satisfecho, y por debajo, los que no lo están. Este paso muestra el estado del equipo y te dará una imagen de las prioridades para trabajar, independientemente de la relevancia individual de un elemento.

6) Votad por el elemento más importante para abordar primero. (Es posible que salgan dos o tres elementos por orden de prioridad).

7) Realiza una ronda rápida de ideación para resolver ese problema.

8) Acordad un plan de acción con nombres de responsables y plazos.

Es posible que desees "tomar la temperatura" del equipo después de un evento, cambio, *sprint*, o periódicamente (cada dos o tres meses, por ejemplo).

UN SENCILLO EJERCICIO DE PERCUSIÓN CORPORAL

El propósito de este ejercicio es hacer que las personas muevan todo el cuerpo, lo que las activará y utilizará diferentes vías cerebrales. Los ejemplos proporcionados son solo unos pocos entre un millón de posibilidades.

Algunos pueden sonar mejor que otros, pero la cuestión es ser juguetón y experimentar. No hay una forma correcta o incorrecta de hacerlo. No se trata de un concurso de música.

- Introduce un vocabulario sencillo de percusión corporal en el que inicies una acción concreta y todos te imiten (aplaudir, darte palmadas en el pecho, darte palmadas en los muslos y dar pisotones).

- A continuación, crea una secuencia rítmica básica de llamada y respuesta (tal vez hagas una doble palmada y la gente responda con una triple palmada).

- Puede que quieras crear uno más avanzado (es decir, que te golpees el pecho una vez y aplaudas dos veces, y la gente responda con dos pisotones y una palmada en los muslos).

- Para terminar, haz que todos hagan el mismo ritmo simple (es decir, golpear el pecho, aplaudir dos veces, dos pisotones y una palmada).

- Opcional: mientras están en ello, puedes añadir alguna variación por tu cuenta (por ejemplo, aplaudir dos veces cuando están golpeando el pecho).

Es una experiencia divertida y poderosa el sincronizarse y crear una pieza musical colectiva.

CAPÍTULO 13
GUIONES DE SESIONES

Aquí encontrarás descripciones detalladas que te ayudarán a dirigir sesiones creativas completas. Cuando tengas confianza con ellas, modifícalas y diseña tus propias sesiones.

BRAINWRITING

El *brainwriting* es una buena técnica para nivelar el campo de juego de la ideación para todos los tipos de participantes en una actividad de *brainstorming*. Las personas que piensan más rápido, las más ruidosas o las que ocupan posiciones de liderazgo pueden acaparar el espacio de las ideas. He aquí un posible marco para llevar la tormenta de ideas al silencioso modo escrito, sin dejar de aprovechar las ideas de los demás para generar algunas más:

Materiales:

- **Notas adhesivas.** Si puedes, consíguelas de diferentes colores, alegres si es posible. No es imprescindible, pero aumentará el carácter lúdico de la sesión. Además, ten en cuenta que los colores más oscuros dificultarán la lectura de la tinta negra. Puedes arreglártelas con trozos de papel recortados, utilizando cinta adhesiva para fijarlas en la pared o exponiéndolos en una superficie horizontal.

- **Rotuladores permanentes negros y gruesos**. El grosor es importante para que sean fáciles de leer (y fotografiar después). Puedes utilizar rotuladores no permanentes, pero muchos tienden a emborronarse al tocarlos, por lo que debes advertir a la gente sobre esto. Si no se dispone de rotuladores negros, el azul o el verde oscuro pueden servir. Alternativamente, puedes utilizar bolígrafos normales si es necesario.

- **Gomets de votación** de un color. Si no los encuentras, la gente puede simplemente pintar un punto con sus rotuladores o utilizar trozos de cinta adhesiva.

- **Temporizador**. La recomendación general es un gran temporizador de cuenta atrás, pero siempre he utilizado el temporizador de mi teléfono móvil para proporcionar actualizaciones periódicas sobre el tiempo restante.

Como puedes ver, la lista de materiales no debe impedirte realizar una sesión de *brainwriting*. Lo importante son las ideas, no los materiales.

Guión de la sesión:

Es posible que quieras seguir el guión al principio, pero probablemente quieras adaptarlo a tu estilo de facilitación y a los participantes. A mí me gusta utilizar la presión del tiempo para mantener a la gente centrada y evitar que su cerebro analítico tome el control, pero algunos participantes pueden estresarse si les dices en todo momento cuánto tiempo les queda. La duración es mi estimación general, pero la tuya puede ser diferente.

Si el *brainwriting* forma parte de una sesión más larga y se han llevado a cabo otras actividades, es posible que quieras omitir el calentamiento.

	BRAINWRITING	
Fase	Descripción	Duración
Preparación	Define el objetivo de la sesión y reúne todo el material.	Antes de la sesión
Introducción	Da la bienvenida a la sesión y explica el objetivo, el orden del día y las reglas de la actividad:	Cinco minutos
	Hola a todo el mundo, gracias por venir. ¡Sois valientes! Tenemos que dar ideas para [OBJETIVO]. Aquí están las [CONDICIONES Y EXPECTATIVAS] del problema.	
	Vamos a hacer un calentamiento rápido para que nuestros cerebros trabajen en modo creativo, y luego vamos a sumergirnos en la actividad.	
Calentamiento	Una actividad sencilla puede ser el test de usos alternativos. Puedes elegir cualquier otra actividad corta de este libro.	Cinco minutos
Reglas de brainwriting	Asegúrate de que cada participante tenga un taco de notas adhesivas y un rotulador permanente grueso y negro. Tienes que explicar las reglas:	Dos minutos
	Utilizad una nota adhesiva por idea y escribid en mayúsculas.	
	Suspended el juicio. Todo es válido en esta etapa. No os preocupéis por los costes, la viabilidad o la aprobación. Solo escribid la idea. Vamos a por cantidad.	
Brainwriting	Dale a la gente tres minutos y empieza. Cada persona debe escribir en su propia nota adhesiva. Cuando se acerquen los tres minutos, puedes ofrecer una prórroga de uno o dos minutos si es necesario. Este es el final de la primera ronda.	De tres a cinco minutos
	Recoged vuestras notas adhesivas y colocadlas en la pared.	Dos minutos
	Si no vas a hacer más rondas de ideación, pueden ponerlas juntas. Si vas a hacer más rondas, pídeles que las coloquen por separado. Podrías haber marcado las paredes con cinta adhesiva como preparación.	

	Ahora, si queda tiempo, haz una segunda ronda de tres minutos para generar más ideas, continuando con las ideas de un compañero. Si trabajan en grupo, cada grupo utilizará un área y pasará a la siguiente.	Tres minutos
	Todo el mundo tiene que pasar a la zona de ideas a su derecha. Tenéis que leer las ideas de quien os precede y ampliarlas. Con suerte, conseguiréis algo de inspiración.	
	Puedes hacer una tercera ronda inspirándose en cualquier idea y exagerándola.	Tres minutos
	Todo el mundo tiene que pasar a la zona de ideas a su derecha. Elegid algunas ideas y exageradlas; pensad en cómo podrían ser si fueran diez veces más grandes, más fuertes, etc.	
	Puedes hacer una cuarta ronda, inspirándose en cualquier idea e invirtiéndola.	Tres minutos
	Todo el mundo tiene que ir a la zona de ideas a su derecha. Elegid algunas ideas e invertidlas. Por ejemplo, si alguien dice aumentar las ventas, invertirla sería reducir las ventas.	
Organizar	Hay que conseguir que la gente organice todas las ideas. Es mejor utilizar una zona limpia.	De cinco a diez minutos
	Hay que organizar las ideas. Si hay duplicados, poned una encima de la otra. Agrupadlas por categorías.	
Votar	Proporciona a las personas participantes algunos gomets para que voten por sus ideas favoritas. Para tres o seis participantes, bastaría con tres gomets por persona; quizá cuatro o cinco si hay entre ocho y diez participantes. Si las ideas ganadoras no están claras, inténtalo de nuevo con menos (o más) gomets de votación.	De tres a cinco minutos
	Vais a votar por vuestras ideas favoritas y dispondréis de un número de puntos. Podréis usarlos todos en una sola idea o repartirlos entre varias. Y sí, también podéis votar por vuestras propias ideas.	
Informe	Coloca las ideas ganadoras en un panel aparte y compártelas con los participantes:	De tres a cinco minutos

Habéis elegido las siguientes ideas: [ENUMERARLAS]. El siguiente paso es [EXPLICAR LA ACCIÓN ALINEADA CON EL OBJETIVO Y LAS IDEAS]. ¡Gracias por *vuestra participación e ideas!*

Tiempo total	Dependerá del tiempo del que dispongas y de las explicaciones que se necesiten. En equipos familiarizados con la dinámica, se puede exprimir una sesión rápida en quince o veinte minutos.	De treinta a cincuenta minutos

CÓMO REALIZAR UNA SESIÓN DE ACTIVACIÓN DE LA CREATIVIDAD

Esta activación de la creatividad puede utilizarse como evento de *teambuilding*, como introducción a la creatividad o como inicio de un programa más largo de *Design Thinking* o innovación. Está diseñada para seis participantes, pero puede utilizarse incluso con treinta personas. Es posible que tengas que dividirlos en grupos más pequeños e incorporar ayudantes, dependiendo del número.

La sesión puede durar de sesenta a noventa minutos, o incluso hasta ciento veinte minutos si quieres llevar un ritmo más fácil o tienes muchos participantes. Puedes omitir algunas actividades si el tiempo es escaso, pero es muy importante que hagas la devolución (reflexión) al final.

El guión hace referencia a actividades descritas en otros capítulos. Es posible que desees tener todas las instrucciones y guiones impresos.

Materiales

- **Notas adhesivas.**
- **Rotuladores permanentes negros y gruesos.**
- **Gomets** (puntos de votación).

- **Temporizador.**

- **Instrucciones impresas** (opcional).

(Descripción, justificación y alternativas en la sección de *brainwriting*).

ACTIVACIÓN DE LA CREATIVIDAD		
Fase	Descripción	Duración
Preparación	Define el tema de la sesión, adapta el guion en consecuencia y reúne todos los materiales.	Antes de la sesión
Introducción	Da la bienvenida a la sesión y explica el objetivo, el orden del día y las reglas de la actividad:	Dos minutos
	Hola a todo el mundo, gracias por venir. Vamos a realizar varias actividades creativas. Espero que las disfrutéis. No os preocupéis si pensáis que no sois personas creativas, porque lo sois.	
Primer test usos alternativos	*Vamos a hacer un ejercicio rápido para poner en marcha vuestros cerebros.*	Cinco minutos
	Asegúrate de que todo el mundo tiene los materiales necesarios y sigue las instrucciones de esta actividad que has encontrado más arriba. El objeto de esta ronda puede ser un clip.	
Qué es la creatividad	Explica qué es la creatividad y por qué es relevante:	Cinco minutos
	La creatividad es la capacidad de imaginar cosas nuevas y llevarlas a la realidad.	
	El arte es solo un ámbito para mostrar la creatividad, los negocios son otro, e incluso la resolución de problemas que aplicamos todo el tiempo.	
	Hay dos fases. La divergencia es cuando generamos un sinfín de ideas y abrimos el universo de posibilidades. Igualmente importante es la convergencia, cuando evaluamos y reducimos las ideas a la que vamos a ejecutar.	

	Los principios del pensamiento divergente: suspender el juicio, la cantidad sobre la calidad, tirar del hilo de una categoría, las variaciones sobre una idea, la asociación de conceptos, inspirarse en las ideas de los demás.	
Calentamiento	En primer lugar, se realizará una breve ronda de percusión corporal (instrucciones más arriba). Es especialmente interesante si la sesión tiene lugar en el entorno de la oficina, ya que rompe con las actividades cotidianas y consigue la activación de todo el cerebro y el cuerpo.	Cinco minutos
	Actividad de improvisación cómica, con más variaciones. Si hay muchos grupos, puede que tengas que seleccionar voluntarios para que actúen delante del resto. En el contexto de una actividad de *teambuilding*, puedes preferir ampliar la sesión y dejar que todos los equipos actúen. (Descrito en el capítulo "Activar la creatividad del equipo").	Quince minutos
Brainwriting	En cada grupo, deben seguir las instrucciones de *brainwriting* y cambiar entre ellas en cada iteración. Suponiendo que trabajes con un grupo numeroso, puedes darles solo dos puntos de votación.	De veinticinco a treinta minutos
	Puedes trabajar en un reto específico relacionado con la empresa o puedes utilizar el siguiente ejemplo:	
	¿Cómo podríamos ayudar a las personas con movilidad reducida (temblores, bastón) que caminan muy despacio a cruzar con seguri*dad calles anchas con semáforos?*	
Evaluación	Eliges las diez o quince mejores ideas (tal vez veinte si hay muchas) y las colocas en una matriz de evaluación, en un área separada, siguiendo las indicaciones de las personas participantes. La matriz puede tener los dos ejes que quieras: originalidad/factibilidad (mi elección por defecto), impacto/coste, etc. La definirás en función de los objetivos de la sesión.	Diez minutos
Segundo test de usos alternativos	Realiza otro test de usos alternativos, esta vez con otro elemento, por ejemplo, un ladrillo.	Cinco minutos

Devolución	Haz un recuento rápido del total de ideas generadas. Si has hecho los dos tests, puedes hacer un gráfico rápido que muestre el aumento general de ideas, es decir, el número de personas en el grupo con cero a tres ideas y ninguna por encima de veinte, frente a nadie con cero a tres, y un par que han pasado de veinte ideas.	De cinco a ocho minutos
	Habéis generado colectivamente [NÚMERO DE IDEAS] ideas en menos de noventa minutos.	
	Individualmente, habéis sido personas más creativas en la segunda ronda de usos alternativos.	(opcional)
	Como habéis visto, la creatividad es cuestión de práctica y técnica, y se puede entrenar.	
	¡Espero que la mayoría haya desarrollado la confianza creativa!	
	Durante las actividades, habéis desarrollado algunas habilidades: con la percusión corporal, habéis hecho equipo y desarrollado la escucha, la colaboración y la conciencia corporal. Con la actividad de Sí, y, habéis añadido la improvisación. Con las pruebas, habéis experimentado la importancia de la cantidad y el efecto de la presión del tiempo, y diferentes aspectos de la creatividad (fluidez, flexibilidad y originalidad).	(opcional)
Retos	*Antes de que os vayáis, quiero daros algunos retos para que sigáis desarrollando vuestra creatividad.*	Un minuto
	Entrégales una tarjeta con los retos y un breve resumen de la introducción a la creatividad.	
Tiempo total	Dependerá del tiempo que tengas disponible y de la cantidad de explicaciones que necesite la gente.	De sesenta a noventa minutos

Retos:

- **Rompe la rutina**. Cada día, haz una cosa diferente a primera hora de la mañana: pon un pie diferente desde la cama, vístete en un orden diferente, utiliza tu mano no dominante para abrir las puertas o lavarte los dientes. Esto creará nuevas vías neuronales en tu cerebro y te hará más flexible.

- **Ten curiosidad**. Cada semana, investiga un nuevo tema; aprende una nueva habilidad (cocina, malabares, cubo de *Rubik*, instrumento musical); ve a una exposición, teatro o restaurante (y pide algo diferente de lo habitual); ve de excursión a un lugar nuevo.

- **Juega**. Siempre que puedas, juega a juegos de mesa de resolución de problemas (tipo *escape room, Isla Prohibida, Pandemic*) o juegos visuales (*Pictionary, Dixit, Ikonikus, Conecta2*, o similares).

SESIÓN DE IDENTIDAD DE EQUIPO

Esta sesión de dos horas de duración tiene como objetivo crear cohesión en un nuevo equipo de doce a quince personas con mucho en juego. Algunas actividades se basan en la experiencia previa de los talleres con *LEGO Serious Play*, con adaptaciones personales.

Resulta útil resumir los modelos en notas adhesivas, y colocarlas junto al modelo durante cada paso de la sesión, para no perder de vista lo que representa cada uno. También puedes grabar o fotografiar las diferentes actividades para futuras referencias o para crear un álbum de equipo.

Materiales

- **Notas adhesivas.**

- **Rotuladores permanentes negros y gruesos.**

- **Puntos de votación.**

- **Temporizador.**

- **Bloques de _LEGO_** (unos cincuenta bloques por persona).

- **Plantillas de identidad del equipo.**

- **Instrucciones impresas** (opcional).

	IDENTIDAD DE EQUIPO	
Fase	Descripción	Duración
Preparación	Define el objetivo de la sesión, adapta el guion en consecuencia y reúne todos los materiales.	Antes de la sesión
Introducción	Da la bienvenida a la sesión y explica el objetivo, el orden del día y las reglas de la actividad:	Dos minutos
	Hola a todo el mundo, gracias por estar aquí. Este es un nuevo equipo creado para un proyecto muy importante. Tenemos que conocernos y desarrollar nuestras habilidades de resolución de problemas sobre la marcha. Haremos un calentamiento, algunas presentaciones, decidiremos los valores del equipo y crearemos una identidad de equipo. Espero que disfrutéis de la sesión.	
Calentamiento	Realiza un breve ejercicio de percusión corporal. Sigue las instrucciones del capítulo doce: "Técnicas".	Cinco minutos
	Realiza una actividad de construcción con _LEGO_. Primero, haz que todos construyan una torre y dales un minuto.	Diez minutos
	Puedes preguntar, a mano alzada, quién iba a por la estabilidad, la altura o el diseño.	
	A continuación, monta una construcción al azar con cinco piezas y explica con ella una metáfora determinada. Necesitan menos de treinta segundos.	
	Ahora, elegid cinco piezas cualesquiera y conectadlas.	

	Pide a tres personas que utilicen su modelo para explicar la libertad, la exploración espacial, la felicidad o cualquier otro concepto complejo o abstracto. Pide a una persona voluntaria que explique uno de los temas. Haced turnos.	
Conocer a los demás	Empareja a personas que no se conocen.	Treinta minutos
	Presentaos a vuestras parejas durante unos minutos. Hablad de lo que hacéis y de vuestras aficiones, talentos e intereses.	Cinco minutos
	Ahora construid un modelo que represente metafóricamente los superpoderes de vuestra pareja.	Cinco minutos
	Ahora usad vuestro modelo para presentar a vuestra pareja al resto del grupo.	Veinte minutos
Identidad del equipo	Hay tres etapas en esta parte central del taller.	Sesenta minutos
	Equipo ideal. Para recoger los principales atributos del equipo, deben construir su modelo de visión individual durante tres minutos. A continuación, comparten sus modelos y acuerdan un modelo común en pequeños grupos de tres personas. Por último, deben llegar a un modelo grupal único de los valores del equipo, que representa el **ideal**.	Veinticinco minutos
	Construid un modelo que represente los atributos más importantes del equipo ideal donde os gusta trabajar.	Tres minutos
	Ponedlos en común en grupos de tres y acordad un modelo común para el grupo.	Siete minutos
	Compartid los modelos de grupo y acordad un modelo común.	Quince minutos
	Valores del equipo. Después de presentar el modelo final, haz una lista de los principales atributos, adjetivos o valores mencionados. Pon esta lista en notas adhesivas en un lugar que todos puedan ver, votad con gomets (proporciona dos puntos de votación por participante). Estos componen los valores principales del equipo.	Diez minutos
	Vais a votar por vuestros atributos favoritos.	

	Metáfora de equipo. Divídelos de nuevo en equipos para desarrollar una metáfora de equipo que los represente. ¿Qué tipo de identidad podría representar todos estos valores?, por ejemplo, ¿Star Trek? ¿Anatomía de *Grey*? ¿Apocalypse *Now*? Entrégales la plantilla para que la rellenen.	Veinticinco minutos
	Ahora tenéis que encontrar una identidad de equipo que represente vuestros principales valores. Utilizad la plantilla para proporcionar suficientes detalles.	
	Una vez que hayan terminado, cada equipo presentará su propuesta y habrá una votación a mano alzada.	
Tiempo total	Aunque cada tarea está cronometrada, habrá huecos y secciones más largas, pero debe mantenerse por debajo de los ciento veinte minutos.	Ciento veinte minutos

NOMBRE:

DESCRIPCIÓN:

MISIÓN:

HABILIDADES:

DEBILIDADES:

ENEMIGOS:

ALIADOS:

UNA SESIÓN SIMPLIFICADA DE DESIGN THINKING

Este es un ejemplo de una sesión exprés de *Design Thinking* que puede llevarse a cabo en dos horas, siempre que las personas asistentes estén familiarizadas con la metodología y las técnicas. Si no lo están, puede llevar un poco más de tiempo y es posible que quieras añadir un calentamiento creativo al principio de la sesión. Además, es más adecuada para proyectos pequeños en los que las personas participantes están más o menos familiarizadas con el contexto.

Supongo que has aclarado los detalles con tu cliente y puedes explicarles la petición y el contexto, al menos una información muy básica.

Materiales

- **Notas adhesivas.**
- **Rotuladores permanentes negros y gruesos.**
- **Puntos de votación.**
- **Temporizador.**

DESIGN THINKING SIMPLIFICADO

Fase	Descripción	Duración
Preparación	Define el objetivo de la sesión, adapta el guion en consecuencia y reúne todos los materiales.	Antes de la sesión
Información	Describe la solicitud del cliente y el contexto.	Diez minutos
	Hola a todo el mundo, gracias por venir a esta sesión. Nuestro cliente, [NOMBRE], necesita ayuda con un problema: [DESCRIBIR PROBLEMA]. Tenemos información útil: [PROPORCIONA INFORMACIÓN RELEVANTE PARA EL PROYECTO].	
Empatizar	Comprender el reto.	De treinta a cuarenta minutos
Problema	Realiza una sesión de tormenta de ideas compartiendo lo que tú y el equipo sabéis sobre el contexto. Las siguientes preguntas pueden ser útiles: ¿Quién es tu cliente? ¿Quién es su competencia? ¿Cuáles son las tendencias del mercado? ¿Cuáles son los principales problemas de tu cliente? ¿Qué hace su competencia para resolver esos problemas? Haz un *sprint* de uno o dos minutos para cada pregunta, escribiéndolas en notas adhesivas.	Diez minutos
	Vamos a hacer una tormenta de ideas para responder a algunas preguntas: [ENUMERA LAS PREGUNTAS]. Escribid vuestras respuestas en una nota adhesiva y luego leedla en voz alta para que compartamos la información.	
Causa	Una vez reunida esa información, es el momento de dar un paso atrás y hacer una tormenta de ideas que responda a las preguntas del porqué del problema. Explorarás los problemas más críticos para tu cliente uno por uno. Si son demasiados, puedes dividir a las personas en equipos y asignar problemas específicos a cada uno. Hay que escribir las preguntas y las respuestas en notas adhesivas. Cuidado, cada problema puede ramificarse en varias causas, y tú también quieres explorarlas.	De veinte a treinta minutos

Vamos a explorar el problema 1: [DECLARAR PROBLEMA 1] ¿Por qué ocurre [PROBLEMA 1]? Por ejemplo, si el sitio web no está vendiendo productos, preguntad: ¿Por qué el sitio web no está vendiendo productos?

La gente contribuirá con la causa 1, la causa 2...

Exploremos la causa 1: porque hay poco tráfico. ¿Por qué hay poco tráfico?

La gente aportará causas a esta nueva pregunta (1.1, 1.2...), y tú preguntarás por qué, de nuevo, para cada una.

Porque la gente no sabe que existe. ¿Por qué la gente no sabe que existe?

La gente aportará causas a esta nueva pregunta (1.1.1, 1.1.2...), y tú preguntarás por qué para cada una.

Porque es un pequeño negocio y no aparece en una búsqueda sobre ese tipo de tienda. ¿Por qué no aparece?

Porque no hacen ningún tipo de marketing.

Debes asegurarte de que todas las respuestas tienen un seguimiento como el de este ejemplo, continuando por la causa 2 y así sucesivamente.

Si habéis trabajado en un grupo, habréis compartido la información en voz alta. Si habéis trabajado en varios equipos, tendréis que dedicar un tiempo extra a compartir vuestras conclusiones. Habrás trazado en una estructura con forma de árbol todos los problemas y las diferentes razones que pueden estar causándolos. Algunos pueden ser más razonables que otros.

Definir	Decidir el problema específico a resolver.	Tres minutos
	El equipo puede votar el problema en el que quiere centrarse. Al menos, esta vez el problema será más detallado y se acercará más a la necesidad real.	
	Vamos a votar el problema clave en el que centrarnos. Puedes tener dos puntos.	Dos minutos

Idear	Resolved el reto.	De veinte a treinta minutos
	Realizad dos o tres rondas de *brainwriting*.	De quince a veinte minutos
	Votad por una idea para crear un prototipo.	De tres a cinco minutos
Prototipar	Haced que la solución sea tangible para los usuarios potenciales	Treinta minutos
	Si tienes seis o más participantes y dos o tres ideas ganadoras, puedes dividirlos en equipos y hacer que cada prototipo sea de una idea diferente.	
Planificar	*Tenemos que validar la idea, y eso se puede hacer incluso con maquetas de papel. Es decir: dibujar los botones de la pantalla en un trozo de papel, del tamaño de un teléfono móvil, por ejemplo, y mostrárselo a un usuario potencial. También se puede utilizar una demo* en role-play *que presentemos o grabemos para explicar el producto. El objetivo es buscar el planteamiento que menos tiempo nos lleve y que comunique con mayor eficacia. Por lo tanto, dedicad algo de tiempo a elegir vuestro enfoque.*	Cinco minutos
Ejecutar	*Vamos a hacer el prototipo.*	Quince minutos
Presentar	Haz que la gente presente sus prototipos.	Diez minutos
	¿Puede alguien exp*licar o presentar su prototipo?*	
Testar	Recoge los comentarios y las opiniones de las personas usuarias. Omitido en esta sesión.	
Devolución	Conclusiones generales sobre el proyecto, la sesión y los próximos pasos, siguiendo los prototipos.	Diez minutos

Tiempo total	De cien a ciento veinte minutos

Testear. No incluimos las pruebas como parte de la sesión "exprés", pero también puede llevar poco tiempo. Si tienes un prototipo, se trata de pedir a una persona potencialmente usuaria (mejor de tres a cinco) que realice una única tarea con él mientras piensa en voz alta. Esta técnica requiere que la persona diga todo lo que está haciendo o pensando mientras realiza la tarea. Por último, se le hacen preguntas abiertas sobre la experiencia, lo que le ha gustado, lo que ha odiado y lo que ha echado de menos. Con esta información, puedes detectar problemas críticos o validar el interés inicial de la idea.

CAPÍTULO 14
CAFÉ CREATIVO

POSOLOGÍA

Horario: A primera hora de la mañana (opcional: a primera hora de la tarde).

Frecuencia: Una vez a la semana.

Duración: De diez a quince minutos.

Participantes: De seis a ocho personas.

Requisitos: Una persona facilitadora.

Efectos secundarios: Activación cerebral, producción de endorfinas, actitud de colaboración y conocimiento de los demás.

Cada una de las seis sesiones incluidas ofrece materiales alternativos y variaciones en las actividades. De este modo, puedes utilizar la misma descripción de la sesión para crear nuevas experiencias. Cuando hayas pasado por todas ellas unas cuantas veces, probablemente tendrás la suficiente confianza para encontrar nuevo material y desarrollar tus propias sesiones.

DESCARGO DE RESPONSABILIDAD:

He recopilado estas actividades de diferentes fuentes, desde un colega hasta una entrada de blog o un vídeo de YouTube. A veces, son las propias instrucciones del producto. Muchas veces, he visto la misma actividad descrita por diferentes personas y no puedo atribuirla a una en concreto. Otras veces, he visto un vídeo *online* y he recogido la actividad pero no he tomado nota de la autoría, por lo que no he podido encontrar la fuente original.

HISTORIAS CON DADOS

	Descripción	
Materiales	*Rory Story Cubes* (las cajas clásicas de acciones y de viajes, contienen nueve dados cada una).	
Alternativas	Dados de *Tiger* (seis dados), cualquier juego de al menos tres dados con imágenes. Se pueden hacer en casa con dados en blanco, rotuladores permanentes y barniz. Virtual: https://davebirss.com/storydice-creative-story-ideas/ Tarjetas con imágenes e iconos.	
Habilidades desarrolladas	Lenguaje visual, narrativa, colaboración (cuando se construye sobre la historia de otros), improvisación.	
Nivel	Principiante	
Actividades	**Presentación de la historia**	Cinco minutos
	Todo el mundo tendrá su turno. Puedes decidir quién es la primera persona y, a partir de ahí, quien esté narrando elige a la siguiente. *Hola, bienvenidos a nuestro café creativo. Lo primero que vamos a hacer es presentaros. Vais a lanzar un dado y presentaros dando vuestro nombre, puesto, departamento y contando algo personal inspirado en la imagen del dado. Puede ser una anécdota de la infancia, una historia o algo que os guste mucho.*	
	Frase o historia	Cinco minutos
	Por turnos, cada participante tira tres dados y compone una frase que incluye elementos inspirados en las tres imágenes. *Ahora crearéis una frase con tres dados.* **Variaciones:** En lugar de una frase, puede ser un microrrelato, con un elemento que inspire el principio, otro, el medio y otro, el final. Crear un *haiku* alternativo. Para este ejercicio, no nos fijamos en la métrica ni en que los versos tengan demasiado sentido. Simplemente, se crea.	

<table>
<tr><td>

Historia colectiva

</td><td>

Cinco
minutos

</td></tr>
</table>

Tres participantes lanzan un dado cada uno y cuentan
una microhistoria, una persona hace la introducción,
otra, el medio y otra, el final.

*Ahora crearéis una historia colectiva de tres personas.
Cada una lanzará un dado. Una creará el principio, otra,
el medio y la otra, el final.*

Variaciones:

Todos los participantes tiran un dado y cuentan su
parte de la historia con una estructura sencilla.

Tres participantes tiran tres dados cada uno y crean la
historia con más complejidad.

ASOCIACIÓN VISUAL

	Descripción	
Materiales	Juego *Conecta2* (cartas visuales)	
Alternativas	Cualquier juego de cartas con símbolos o iconos (pueden ser caseros). Se pueden utilizar cartas con ilustraciones sencillas o fotos de objetos simples. Necesitarás al menos cincuenta cartas. (*Conecta2* tiene ciento veinte).	
Habilidades desarrolladas	Asociación de ideas, lenguaje visual, fluidez de ideas.	
Nivel	Principiante	
Actividad	Un juego de *Conecta2*	Quince minutos

Coloca nueve cartas sobre la mesa (tres filas y tres columnas).

El objetivo es encontrar un concepto de la combinación de dos imágenes, asociándolas. Si todo el mundo está de acuerdo con la propuesta, la persona participante se queda con las dos cartas (quien facilita la sesión puede arbitrar en caso de duda), y se añaden dos nuevas cartas sobre la mesa. Se procede hasta que no queden cartas sobre la mesa (o se acabe el tiempo previsto). Gana la persona que tenga más cartas.

Hola a todo el mundo, gracias por venir hoy. Vamos a jugar a un juego de cartas. Tenéis que encontrar una conexión razonable entre dos cartas cualesquiera que estén expuestas y nombrar el concepto combinado. Si el resto está de acuerdo en que es una asociación correcta, te quedas con las cartas. Es mejor que os pongáis de pie, porque hay que moverse rápido al momento de coger las cartas.

Variaciones:

Al principio, con personas novatas, puedes hacer turnos para encontrar asociaciones y ser más permisivo con las asociaciones (todo vale).

Las asociaciones pueden limitarse a títulos de películas, libros o cualquier otra cosa.

LEGOS

	Descripción	
Materiales	Una caja de novecientas piezas de *LEGO Classic*. (Cincuenta piezas por participante son suficientes).	
Alternativas	Cualquier colección de juegos de construcción, *LEGO* u otra marca. Cualquier cosa que permita unir piezas fácilmente.	
	Se puede utilizar plastilina, pero con personas que tengan confianza creativa.	
	Puedes crear una lista de conceptos o un conjunto de cartas individuales para tomar una al azar.	
Habilidades desarrolladas	Proyección de ideas, metáforas, pensamiento manual, narración.	
Nivel	Principiante	
Actividades	**Construir una torre**	Dos minutos
	Pide a las personas participantes que construyan una torre. Después de que lo hagan, pregúntales quién se ha decantado por altura, fuerza y diseño.	
	Explica esto	Cinco minutos
	En primer lugar, conectarán cinco piezas cualesquiera y, a continuación, les pedirás que expliquen individualmente un concepto utilizando el modelo como soporte. Algunos conceptos podrían ser: calentamiento global, libertad, reproducción del cangrejo, alegría, liga de fútbol, música, etc.	
	Autorretrato con un superpoder	Seis minutos
	Cada participante construirá y compartirá una maqueta que represente su principal superpoder.	

DIBÚJALO (INICIACIÓN)

	Descripción	
Materiales	Rotulador de color y dos hojas de papel por participante.	
Habilidades desarrolladas	Lenguaje visual, observación, confianza en las habilidades de dibujo.	
Nivel	Principiante	
Actividades	**Vocabulario básico**	Dos minutos

Los participantes copiarán de la persona facilitadora seis iconos básicos del lenguaje visual, como usuario, coche, idea, casa, árbol y grupo.

Hola, gracias por venir hoy. En primer lugar, vais a copiar lo que yo dibuje. El truco es hacerlo muy despacio.

Variaciones:

Dibujar representaciones de conceptos comunes u objetos relacionados con la empresa.

Retrato

Ocho minutos

Cada participante tendrá una hoja de papel y un rotulador y se intercambiará la hoja con todas las demás, por parejas, para dibujar un rasgo de su cara. Al final, todo el mundo tendrá un retrato a color dibujado por el resto del grupo.

Coge una hoja de papel y un rotulador de un color diferente al de los demás. Caminad hasta que yo diga que os detengáis.

Parad. Ahora poneos por parejas, dibujad el óvalo de la cara de vuestra pareja y devolvedle la hoja.

Ahora seguid caminando.

A partir de ahora, cada vez que se paren, quien recibe la hoja de papel de otra persona incorpora una parte de su cara y la devuelve, para llevar su propio retrato, parte por parte, hecho por el resto.

Tienes que asegurarte de que todos los rasgos se dibujan por turnos: el óvalo de la cara, los ojos, la nariz, la boca, las orejas, el pelo, etc.

Quizás quieras hacer una foto de grupo con quienes participaron y sus retratos.

IMPROVISACIÓN

	Descripción	
Materiales	Ninguno.	
Habilidades desarrolladas	Lenguaje visual, narrativa, colaboración (cuando se construye sobre la historia de otros), improvisación.	
Nivel	Principiante.	
Actividad	Primero introduce los dos principios de la improvisación: *Hola, gracias por venir hoy. Vais a hacer un ejercicio de improvisación. Vuestro objetivo principal es hacer quedar bien a vuestra pareja. También tenéis que continuar la intervención de los miembros de vuestro equipo con Sí, y.* **Coreógrafos** Los participantes formarán parejas para crear secuencias de baile. *En primer lugar, vais a formar parejas. Una persona propondrá un paso de baile cualquiera (o una secuencia de movimientos repetitivos). La otra lo exagerará a su lado, haciendo que la primera se vea bien. Luego se cambian. Cada pareja tendrá un turno.* **Variante:** Una persona inventa la coreografía y todo el mundo la sigue, exagerando y haciéndola parecer buena. Esto quita algo de presión a las personas más tímidas. **Sí, y** *A continuación vais a crear una historia colectiva. La primera persona dirá algo verdadero que le haya sucedido. La siguiente continuará la historia con sí, y... y así sucesivamente, hasta que todas hayan contribuido a la historia.* *Ahora hay que repetir la misma historia, pero más expresiva, para niños de cinco años.* *Ahora, repetid la historia, pero con mímica.* *Finalmente, repetid la historia en quince segundos. Tendréis que saltaros algo.*	Tres minutos

PERCUSIÓN CORPORAL (INICIACIÓN)

	Descripción	
Materiales	Ninguno.	
Habilidades desarrolladas	Lenguaje musical, observación, colaboración, empatía, cohesión.	
Nivel	Principiante.	
Actividades	**Calentamiento**	Dos minutos

Propondrás un movimiento y el resto lo seguirá. Repasa los elementos básicos: aplaudir, chasquear los dedos, golpear el pecho con la mano, dar un pisotón, golpear el muslo con la mano, etc.

Hola, gracias por venir hoy. Vamos a hacer un poco de percusión corporal. Solo copiad lo que hago.

Diálogo — Cinco minutos

Propondrás una combinación sencilla con dos técnicas básicas y los participantes la repetirán después de ti. Puedes repetir cada diálogo de combinación tres veces antes de cambiar a una nueva.

Ejemplos: palmada, palmada, chasquido. Muslo, pecho, etc.

Ahora haré una combinación y vosotros la repetiréis después de mí.

Variaciones:

Cada participante tiene un turno para liderar. Hacen diferentes combinaciones y el resto repite.

Las combinaciones pueden hacerse más complejas según la experiencia del grupo.

Ritmo colectivo: — Cinco minutos

Propondrás una combinación rítmica y todos se unirán a ella. Primero muy, muy despacio, luego más rápido. Puede que algunas personas tarden en cogerle el tranquillo, pero al final sonará como un solo ritmo.

Ejemplo: pecho, chasquido, palmada, chasquido. (Este es un ritmo básico de rock).

Solo seguidme de la mejor manera que podáis.

Variaciones:

Las personas participantes pueden proponer combinaciones sencillas por turnos, y otras se unen.

Pueden dividirse para que cada una haga un sonido diferente o una combinación, como una banda.

CAPÍTULO 15
ADDENDUM:
MANIFIESTO CULTURAL

Mario Armstrong es un ganador de dos premios Emmy, presentador de televisión, empresario y fundador y director general de Never Settle Productions, una empresa de medios de comunicación estadounidense. Tiene una sólida cultura empresarial y se asegura de que toda la plantilla cumpla su manifiesto cultural. En lugar de un acuerdo de confidencialidad, pide a las personas recién contratadas que lean y firmen el siguiente documento:

NEVER SETTLE PRODUCTIONS: MANIFIESTO CULTURAL

"Se puede ir más rápido a solas o ir más lejos juntos."

Creemos en la creación de un ambiente y una cultura que reflejen la energía positiva que queremos transmitir al mundo a través de nuestros productos y servicios. Creemos que la energía positiva del equipo repercute directamente en el sentimiento y el impacto de lo que ofrecemos a nuestros espectadores, oyentes, clientes, personal, compañeros, patrocinadores y socios.

1. **Una cultura sin culpa.** No existe la posibilidad de culpar a otra persona. En la industria de los medios

de comunicación, hemos visto cómo la gente ha sido condicionada a culpar a otros para salvar su trabajo. Por lo tanto, la plantilla de otras organizaciones opera por miedo, y eso crea una cultura de esquivar y desviar la culpa. Never Settle Productions LLC es diferente. Sabemos que todos somos seres humanos con defectos que trabajan duro. Nadie es perfecto. Por lo tanto, **cuando se cae una pelota, la acción apropiada es asumirlo** rápidamente y pensar en una nueva solución o explicar la lección aprendida a la dirección. *No arrojamos a los demás a los pies de los caballos por ningún motivo.* No actuamos con miedo. Queremos que sientas comodidad al asumir riesgos calculados y que sepas que tu puesto no está en peligro cuando lo haces.

2. ¡**No se toleran los chismes!** Cada miembro forma parte de un equipo mayor; sin los demás, no somos nada. Eleanor Roosevelt lo expresó perfectamente: "Las grandes mentes discuten ideas; las mentes promedio discuten eventos; las mentes pequeñas discuten personas". No somos un equipo de mentes pequeñas. No hablamos de la gente de forma chismosa. No está bien y no crea buena energía.

3. ¡**Todo el mundo es igual!** Los títulos y los cargos son diferentes, pero nadie recibe un trato diferente. Respetémonos los unos a los otros; es un esfuerzo de grupo lo que hace que cada proyecto y producto tenga éxito. En el caso del programa, desde el momento en que nuestro personal entra por la puerta hasta el ambiente en la sala verde, pasando por la colaboración en la sala de control, los asientos del público en el estudio y la audiencia que lo ve en casa. Hay muchas funciones, que desempeñan diferentes personas, que influyen en cada programa y en cada proyecto.

4. **¡Date permiso!** Todas las ideas son válidas y esperadas. Esta no es una productora de "dar órdenes". Esperamos tus ideas. Esperamos que crees nuevas formas de hacer las cosas. Esperamos que crees nuevas oportunidades para ti. Esperamos que tengas y compartas ideas dentro y fuera de tu área en el proyecto. A menudo, las organizaciones pasan por alto el poder de su personal porque los ponen en cajas o categorías o tienen demasiado ego o control. ¡Nosotros pensamos lo contrario! Todo el mundo tiene algo que ofrecer; todos los miembros del equipo están aquí porque son inteligentes, creativos y trabajadores. Esperamos que te preocupes lo suficiente por los proyectos y el programa como para compartir cualquier idea que creas que puede tener un impacto en las personas que reciben nuestros productos y servicios.

5. **¡Intención y propósito!** Recuerda por qué lo hacemos y el impacto positivo que buscamos tener en nuestros clientes. La acción está impulsada por la intención. Tus pensamientos dan forma a tus acciones incluso antes de actuar. Dejemos que nuestra intención sea súper consciente y positiva, para que cuando nos centremos en nuestro propósito, toda esa buena energía entre en él.

6. **¡No hagas suposiciones!** Recuerda que los pensamientos no siempre son hechos. Obtén todos los datos posibles antes de suponer. Creemos que todo es posible. Esa es nuestra posición de partida. No asumas que algo puede o no puede hacerse. Investiga, obtén los hechos y comunícate siempre en exceso.

7. **Lo que sentirás es una intensidad de expectativas.** No operamos en el caos, pero sí nos presionamos y nos apoyamos agresivamente para alcanzar nuestro potencial colectivo.

8. **¡Sobrecomunica!** La comunicación es obvia, pero a menudo nos preocupamos por los resultados o asumimos que los demás saben cómo nos sentimos o lo que podemos estar pensando. Las directrices de cultura de Never Settle Productions están escritas para crear un entorno en el que se comparta, se comunique y se esté cómodo siendo vulnerable. La vulnerabilidad requiere valor y respetamos el valor que se necesita para compartir. La comunicación -más concretamente, la sobrecomunicación- hace que los proyectos se desarrollen sin problemas y mantiene a todos en la misma línea de expectativas.

9. ¡Diviértete! La diversión, la risa y la sonrisa forman parte de la personalidad de esta empresa. Abrazamos la curiosidad. Aceptamos la felicidad. Abrazamos la tontería. Sí, lo sabemos, todos somos adultos y nos tomamos en serio nuestro impacto y crecimiento sobre los clientes, pero tenemos que divertirnos haciéndolo, o ¿para qué molestarse? Mantener la curiosidad crea nuevas ideas, y las nuevas ideas crean diversión, gran energía y resultados emocionantes. Así que, ¡diviértete con esto!

10. **Por último, es una calle de doble sentido.** Nos importan tus pasiones personales y tus objetivos profesionales y queremos que nuestro entorno sea un lugar que te eleve a través de nuestros proyectos o de los que tú crees con nosotros. Queremos entender tus prioridades y alinear oportunidades para ti que te ayuden a aumentar tus objetivos profesionales o personales y tu realización. Los seres humanos quieren tres cosas en la vida: apoyo, reconocimiento y ser valorados. Queremos que este sea un lugar en el que obtengas esas tres cosas. Jackie Robinson dijo: "Una vida no es importante sino por el impacto que tiene en otras vidas". Cada función es importante, así que ¡salgamos a impactar en tantas vidas como nuestro potencial colectivo pueda alcanzar!

PALABRAS FINALES

Si has leído hasta aquí, has reunido inspiración, historias y herramientas para promover la creatividad en los demás. Te has convertido en la persona que guarda el fuego creativo. Mantén vivo el fuego en los demás, independientemente de la fase en la que se encuentren, ya sean principiantes o profesionales experimentados. La confianza creativa es a veces frágil. Por favor, anima cada pequeño paso para que sigamos intentándolo sin miedo al fracaso, sin miedo al rechazo o al juicio. Celebra cada intento de hacer algo, aunque sea de pésimo nivel, porque necesitamos la confianza para seguir adelante.

Y cuando aprendas a animarnos, por favor, anímate a ti también y saca a jugar a tu niño o niña interior. Únete a la tribu de creadores, en cualquier nivel, porque todo el mundo empieza donde tú estás. Tráete a ti y toda tu capacidad de juego y únete al equipo para crear y hacer un mundo mejor. Realmente te necesitamos, desde cualquier nivel de habilidad, para mantener el fuego, para mantener viva la creatividad, para transmitirla. Nunca se ha tratado del resultado sino de la actitud. Acompáñanos y celebraremos todos nuestros esfuerzos. El mundo nos necesita y las muchas razones por las que lo hacemos, con pequeños pasos y todo lo demás.

Permanece hambriento; permenece tonto.
—STEVE JOBS

AGRADECIMIENTOS

Querida audiencia lectora, patrocinadora y colaboradora, este libro no habría existido sin vuestra participación. Muchas gracias.

Un agradecimiento especial a Mónica y a Darío por su extrema paciencia en este proyecto y por ser los *beta testers* de bastantes de las actividades aquí incluidas.

También a Begoña y a Juan Antonio, que me proporcionaron un entorno donde mi creatividad encontró su camino. Y a Marta y a Ruth, mis primeras compañeras de juego para toda la vida.

Gracias a Eric Koester, el "profesor de libros" del Creator Institute, y a Brian Bies, de New Degree Press, por haber creado un ecosistema que permitió que este proyecto se hiciera realidad. Quiero hacerlo extensivo a todo el personal que ha participado, desde administración, hasta edición, diseño, etc. Definitivamente se necesita un pueblo para hacer un libro. Un agradecimiento especial a Ilia Epifanov, a Christy Mossburg y a Sandy Huffman por sus consejos profesionales, su orientación y sus ánimos. (Fue de lo mejor). Os apuntastais como editores, pero lo que más necesité fue vuestro coaching.

También estoy muy agradecida al conjunto de profesionales que he entrevistado durante mi investigación para este libro. No todas vuestras historias e ideas aparecen en él, pero todas ellas han contribuido a dar forma a mis conocimientos e ideas. Formáis parte de este proyecto.

Por supuesto, no estaría escribiendo este libro si no hubiera tenido la oportunidad de trabajar con un equipo específico de creadores, responsables de equipo, colegas, profesionales de la consultoría y personas con ideas afines. Estuvieron dispuestos a aceptar mis ideas y a compartir las suyas. Les agradezco la oportunidad tanto como su participación y sus lecciones.

Por extraño que parezca, quiero agradecer al Club Social de Inuxfield su constante apoyo.

Un superagradecimiento extra a los lectores beta por su ayuda, incluyendo a Beatriz Romero, Juan Antonio Pino, Mónica Morales, Stephen Rasmussen y Trinidad González. Habéis sufrido la lectura de mis primeras versiones, así que os debo mucho (y la audiencia también).

Por último, a todos los que habéis apoyado la materialización de todo esto, habéis cofundado la *Playful Revolution*:

Adam Matar, Alisha Wielfaert, Alvaro Belmonte, Amaia Iríbar, Ana Sagrado, Angie Luque, Anouk Suñer-Rabaud, Antonio Suárez, Beatriz Romero, Belén Basteiro, Belén Monterrey, Candy Pérez, Carla Solís, Carlo Mahfouz, Carlos Carpizo, Carlos Ochoa, Carlos Suárez, Carmen Guerra, Coach Play, Christina Hsiang, Danel Alberdi, Daniel Torrejimeno, Darío Pino, Dave Birss, David del Cerro, Douglas Scherer, Edgar Martínez, Elpis Pavlidou, Eric Koester, Eva Sjögren, Fabienne Jacquet, Francesc Sistach, Francisco J. De Lathouwer, Gabriel Núñez, Ger O'dea, Gerbrand Colombier, Héctor Parrilla, Heidi Torres, Ilia Epifanov, Isaac Rider, Iván Márquez, Jamie Bosse, Jesús Planelles, Jinny Uppal, Johanna Chan, José

Ochoa, Juan Antonio Pino, Laura Morín, Luca Mcleod, Luis Carrión, Lupe Montero, Luz de León, Margarita Serrano, María Begoña Suárez, María Inmaculada Capote, María Marco, Maria Stathopoulou, Mariana Barrios, Maripi López, Marisa Martínez Orduna, Marta Pino, Matthew Cowie, Miguel Baizán, Mireia Bertrán, Mónica Morales, Montse Rite, Nacho Álvarez, Natalie Nixon, Noelia Hernández, Nuria Dorta, Olga Legarda, Patrick Frank, Paul Skelding, Philippe Delespesse, Pilar Castro, Pilar Jiménez, Rafael Sáenz de Miera, Ricardo Suárez, Rosario Pino, Ruth Pino, Salomé Trujillo, Samuel Fernández, Santiago Gómez, Sebastián Herrera, Shehara Wooten, Silvia Fajardo, Silvia Sivera, Sinead Bennett, Steven Webster, Teresa Nafría, Terri Nakamura, Theano Pavlidou, Thorsten Westhues, Trinidad González y Zaida Sancha.

BIBLIOGRAFÍA

INTRODUCCIÓN

Barsade, Sigal y O'Neill, Olivia A. Manage Your Emotional Culture. *The Magazine Harvard Business Review*. 2016. Consultado el 17 de octubre de 2021. https://hbr.org/2016/01/manage-your-emotional-culture

Sinek, Simon. "How great leaders inspire action". Filmado en septiembre de 2009 en TedXPuget Sound. Consultado el 17 de octubre de 2021. https://www.ted.com/talks/simon_sinek_how_great_leaders_inspire_action

Sinek, Simon. *Leaders Eat Last: Why Some Teams Pull Together and Others Don't*. New York: Portfolio, 2014.

Sinek, Simon. *Start With Why: How Great Leaders Inspire Everyone to Take Action*. New York: Portfolio, 2009.

CAPÍTULO 1: LA CREATIVIDAD ES UN ASUNTO URGENTE

Csikszentmihalyi, Mihaly. *Finding flow: The psychology of engagement with everyday life*. New York: Basic Books, 1997.

Csikszentmihalyi, Mihaly. *Flow, the secret to happiness*. TED2004. Febrero 2004. Consultado el 11 de noviembre de 2021. https://www.ted.com/talks/mihaly_csikszentmihalyi_flow_the_secret_to_happiness?language=en

Gallup. *The State of the American Workplace: Employee Engagement Insights for U.S. Business Leaders report*. 2013. Consultado el 1 de septiembre de 2021. https://www.gallup.com/services/176708/state-american-workplace.aspx

Gallup. *State of the Global Workplace: 2021 Report.* 2021. Consultado el 1 de septiembre de 2021. https://www.gallup.com/workplace/349484/state-of-the-global-workplace.aspx

Kotler, Steven. *The Art of the Impossible: A Peak Performance Primer.* New York: Harper Collins, 2021.

McKinsey & Company. *Growth & Innovation.* 2013. Consultado el 27 de agosto de 2021. https://www.mckinsey.com/business-functions/strategy-and-corporate-finance/how-we-help-clients/growth-and-innovation

McKinsey & Company. *How COVID-19 has pushed companies over the technology tipping point—and transformed business forever.* 5 de octubre, 2020. Consultado el 27 de agosto de 2021. https://www.mckinsey.com/business-functions/strategy-and-corporate-finance/our-insights/how-covid-19-has-pushed-companies-over-the-technology-tipping-point-and-transformed-business-forever

McKinsey & Company. *Innovation in a crisis: Why it is more critical than ever.* 17 de junio, 2020. Consultado el 18 de octubre de 2021. https://www.mckinsey.com/business-functions/strategy-and-corporate-finance/our-insights/innovation-in-a-crisis-why-it-is-more-critical-than-ever

Project Last Mile. Consultado el 18 de octubre de 2021. https://www.projectlastmile.com/

Souders, Beata. *Flow at Work: The Science of Engagement and Optimal Performance.* Positive Psychology. 2020. Consultado el 1 de septiembre de 2021. https://positivepsychology.com/flow-at-work/

Warner, Justin. *The ROI of Employee Engagement: Show Me the Money!* Decision-Wise. 2020. Consultado el 1 de septiembre de 2021. https://decision-wise.com/show-me-the-money-the-roi-of-employee-engagement/

World Economic Forum. *The Future of Jobs Report 2020.* 20 de octubre, 2020. Consultado el 30 de agosto de 2021. https://www.weforum.org/reports/the-future-of-jobs-report-2020#report-nav

CAPÍTULO 3: EL HÁBITAT

Armstrong, Mario. *Never Settle Productions: Culture Manifesto.* Comunicación privada. 2020.

Chan, Nathan. *68: Building The Best Workplace in The World with Vishen Lakhiani of Mindvalley.* Foundr. 25 de noviembre, 2015. Consultado el 18 de octubre de 2021. https://foundr.com/articles/podcast/vishen-lakhiani-workplace

Magee, Kate. *Ken Robinson: 'You don't want a caste system for creativity'.* Campaign Live. 1 de agosto, 2016. Consultado el 13 de agosto de 2021. https://www.campaignlive.co.uk/article/ken-robinson-you-dont-want-caste-system-creativity/1403876

Robinson, Sir Ken. "Do schools kill creativity?". TED2006. Febrero 2006. Consultado el 17 de octubre de 2021. https://www.ted.com/talks/sir_ken_robinson_do_schools_kill_creativity

Seelig, Tina. "A crash course in creativity". TEDxStanford, 1 de agosto, 2012. Consultado el 17 de octubre de 2021. https://www.youtube.com/watch?v=gyM6rx69iqg

Seelig, Tina. *InGenius: A Crash Course on Creativity.* New York: HarperOne, 2012.

University of British Columbia. *Effect Of Colors: Blue Boosts Creativity, While Red Enhances Attention To Detail.* ScienceDaily. 6 de febrero, 2009. Consultado el 18 de octubre de 2021. https://www.sciencedaily.com/releases/2009/02/090205142143.htm

CAPÍTULO 4: EL EQUIPO DIVERSO

BBC News. *Elon Musk reveals he has Asperger's on Saturday Night Live.* 9 de mayo, 2021. Consultado el 17 de octubre de 2021. https://www.bbc.com/news/world-us-canada-57045770

Birss, Dave. *How to get to great ideas: A system for smart, extraordinary thinking.* London: Nicholas Brealey Publishing, 2018.

Branson, Richard. *Ask Richard: If you could say something to your 10-year-old self, what would it be?* Linkedin. 27 de abril, 2021. Consultado el 17 de octubre de 2021. https://www.linkedin.com/pulse/ask-richard-you-could-say-something-your-10-year-old-self-branson/

De Anca, Celia y Aragón, Salvador. *Innodiversity in the Spanish Business Environment 2019."* Fundación IE y Fundación para la Diversidad. Septiembre, 2020. Consultado el 18 de octubre de 2021. https://fundaciondiversidad.com/wp-content/uploads/2020/09/Synopsis-innodiversityreport-english.pdf

De Bono, Edward. *Six Thinking Hats*. Boston: Back Bay Books, 1999.

Fundación Diversidad. *Resultados del Primer Índice de InnoDiversidad, estudio realizado por Fundación IE y Fundación Diversidad.* 17 de septiembre, 2020. Consultado el 18 de octubre de 2021. https://fundaciondiversidad.com/resultados-primer-indice-innodiversidad/

Jacquet, Fabienne. *Venus Genius: The Female Prescription for Innovation.* Potomac: New Degree Press, 2020.

Ponti, Franc, with Bortagaray, Moira, Abele, Aldana. *Free Brain. Estrategias Inteligentes para Liberar la Creatividad.* Barcelona: Amat Editorial. 2019.

SHOPA. POLISHOPA 2018 - Min Basadur - Application of Cognitive Styles toward Team Innovation. 16 de noviembre, 2018. Consultado el 17 de octubre de 2021. https://www.youtube.com/watch?v=_J8zwLfMbPs

Strauch, Barbara. *The Secret Life of the Grown-Up Brain.* Publicado porViking, 2010. Citado en NPR News staff. *The Grown-Up Brain: Sharper Than Once Thought.* 20 de abril, 2010. Consultado el 18 de octubre de 2021. https://www.npr.org/templates/story/story.php?storyId=126115275

Walker, Amy. *Why Neurodiversity Works for Creativity.* Medium. 14 de noviembre, 2019. Consultado el 18 de octubre de 2021. https://medium.com/neurodiversity-works/why-neurodiversity-works-for-creativity-ffccf2e52144

CAPÍTULO 5: PROCESOS CREATIVOS

Dyer, Frank and T. C. Martin. *Edison: His Life and Inventions.* 1910. Citado en Thomas A. Edison Papers. *Myth Buster: Edison's 10,000 attempts.* Rutger School of Arts and Science." *The Edisonian* 9 (2012). Consultado el 18 de octubre de 2021. http://edison.rutgers.edu/newsletter9.html

Ferriss, Tim. *The 4-Hour Body.* Crown Publishing Group. 2010.

Graham Wallas. Art of Thought. New York: Harcourt, Brace and Company. 1926. Citado en Sadler-Smith, Eugene, 2015, Wallas' Four-Stage Model of the Creative Process: More Than Meets the Eye? *Creativity Research Journal* 27(4): 342–352. https://www.researchgate.net/publication/283790206_Wallas'_Four-Stage_Model_of_the_Creative_Process_More_Than_Meets_the_Eye

Hughes, Ken. "Time bending — 365 ways to unlock creativity and innovation". Tedx University of Nicosia, 31 de diciembre, 2014. Consultado el 17 de octubre de 2021. https://www.youtube.com/watch?v=M9u9jzMYJKQ

Kotler, Steven. *The Art of the Impossible: A Peak Performance Primer.* New York: Harper Collins, 2021.

Oppezzo, Marily. "Want to be more creative? Go for a walk". TEDxStandford. Abril, 2017. Consultado el 17 de octubre de 2021. https://www.ted.com/talks/marily_oppezzo_want_to_be_more_creative_go_for_a_walk/transcript

Thompson, Chic. "An Interview with inventor Dr Nakamats". *What a Great Idea: The Four Key Steps Creative People Take.* Publicado por Harper Perennial. 1990. Citado en creativityatwork.com. 2011. Consultado el 18 de octubre de 2021. https://www.creativityatwork.com/2011/01/10/interview-with-inventor-dr-nakamatsu/

CAPÍTULO 6: DISEÑAR LA INNOVACIÓN

Ball, Jonathan. *The Double Diamond: A universally accepted depiction of the design process.* Design Council. Consultado el 18 de octubre de 2021. https://www.designcouncil.org.uk/news-opinion/double-diamond-universally-accepted-depiction-design-process

D.School. "The wallet project". Stanford University. Consultado el 18 de octubre de 2021. https://dschool.stanford.edu/resources/the-gift-giving-project Online version: https://www.teachingentrepreneurship.org/design-thinking/

Knapp, Jake, Zeratsky, John, y Kowitz, Braden Kowitz. *Sprint.* London: Bantam Press, 2016.

Osborn, Alex y Parnes, Sidney. *Creative Problem Solving.* Creative Education Foundation. Consultado el 18 de octubre de 2021. https://www.creativeeducationfoundation.org/

Prego, Juan. *Advanced Creative Problem Solving* (Spanish). 2016. Manual de Creativity Certification Program, accesible solo a través de Actitud Creativa. actitudcreativa.com

CAPÍTULO 7: ACTIVAR LA CREATIVIDAD DEL EQUIPO

Birss, Dave. *Story Dice*. Consultado el 18 de octubre de 2021. https://davebirss.com/storydice/

De Bono, Edward. *Lateral Thinking: Creativity Step by Step.* New York: Harper & Row, 1970.

Gray, David, Brown, Sunny, and Macanufo, James. *Gamestorming: A Playbook for Innovators, Rulebreakers, and Changemakers.* Sebastopol, CA: O'Reilly, 2010.

Hough, Karen. *The Improvisation Edge: Secrets to building trust and Radical Collaboration at Work.* San Francisco: Bennet-Loehler Publishers, 2011.

Michalko, Michael. *Thinkertoys: A handbook of creative-thinking techniques.* Berkeley, CA: 10 Speed Press, 2006.

Pino, Begoña. "Remote Brainstorming with Miro". 11 de abril, 2020. https://youtu.be/PKYlRLiCS7w¡

Sethi, Sumit. "Retrospective using Rory's Story Cubes and management 3.0 practices". Linkedin. 2019. https://www.linkedin.com/pulse/retrospective-using-rorys-story-cubes-management-30-practices-sethi

CAPÍTULO 8: EL JUEGO ES EL INGREDIENTE SECRETO

Bateson, Patrick, y Martin, Paul. *Play, Playfulness, Creativity and Innovation.* New York: Cambridge University Press, 2013.

Gray, Peter. "The decline of play". TEDx Navesink, 13 de junio, 2014. Consultado el 18 de octubre de 2021. https://www.youtube.com/watch?v=Bg-GEzM7iTk&nohtml5=False

Hoehn, Charlie. *Play It Away: A Workaholic's Cure for Anxiety.* Published by Charliehoehn.com, 2014.

Huizinga, Johan. *Homo ludens: Proeve eener bepaling van het spel-element der cultuur [Homo ludens: A study of the play-element in culture].* Haarlem: Tjeenk Willink, 1938.

Nixon, Natalie. *The Creativity Leap: Unleash Curiosity, Improvisation and Intuition at Work.* Oakland, CA: Berrett-Koehler Publishers, 2020.

Pino, Begoña. *Computers as an Environment for Facilitating Social Interaction in Children with Autistic Spectrum Disorders.* University of Edinburgh, 2007. http://hdl.handle.net/1842/29324.

CAPÍTULO 9: ENCONTRAR LAS RENDIJAS

Appelo, Jurgen. *Managing for Happiness: Games, Tools, and Practices to Motivate Any Team.* New Jersey: John Wiley & Sons, 2016.

Lift Right Concrete LLC. *How Plants Cause Concrete Sidewalk Cracking.* Consultado el 18 de octubre de 2021. https://liftrightconcrete.com/how-plants-cause-concrete-sidewalk-cracking%E2%80%8B/

Little, Jason. *Lean Change Management: Innovative Practices for Managing Organizational Changes.* Happy Melly Express, 2014.

CAPÍTULO 10: LIDERAR CON HUMOR

De la Calle, Sergio. *Liderar con sentido del humor: Los Equipos más eficaces se Divierten Trabajando.* Barcelona: Plataforma Editorial.

Fry, William. Citado por Doskoch, Peter. *Happily Ever Laughter. Psychology Today.* 1 de julio, 1996 - última revisión el 9 junio, 2016. Consultado el 18 de octubre de 2021. https://www.psychologytoday.com/intl/articles/199607/happily-ever-laughter

Savage, Brandon; M., Heidi L. Lujan, Raghavendar R. Thipparthi, y Stephen E. DiCarlo. "Humor, laughter, learning, and health! A brief review." *Advances in Physiology Education.* 41: 341–347. doi:10.1152/advan.00030.2017. Consultado el 18 de octubre de 2021. https://journals.physiology.org/doi/pdf/10.1152/advan.00030.2017

www.ingramcontent.com/pod-product-compliance
Lightning Source LLC
Chambersburg PA
CBHW071736150726
47998CB00005B/1663